近代中国

投资者保护机制研究

Investor Protection Mechanisms
in Modern China

赵劲松◎著

 西南财经大学出版社

中国·成都

图书在版编目(CIP)数据

近代中国投资者保护机制研究/赵劲松著 .—成都:西南财经大学出版社,
2022. 3

ISBN 978-7-5504-5139-1

Ⅰ.①近… Ⅱ.①赵… Ⅲ.①投资者—权益保护—研究—中国—近代

Ⅳ.①F832.48

中国版本图书馆 CIP 数据核字(2021)第 227033 号

近代中国投资者保护机制研究

JINDAI ZHONGGUO TOUZIZHE BAOHU JIZHI YANJIU

赵劲松　著

策划编辑:李琼
责任编辑:张岚
责任校对:李思嘉
封面设计:墨创文化
责任印制:朱曼丽

出版发行	西南财经大学出版社(四川省成都市光华村街55号)
网　　址	http://cbs. swufe. edu. cn
电子邮件	bookcj@ swufe. edu. cn
邮政编码	610074
电　　话	028-87353785
照　　排	四川胜翔数码印务设计有限公司
印　　刷	四川煤田地质制图印刷厂
成品尺寸	170mm×240mm
印　　张	11. 25
字　　数	187 千字
版　　次	2022 年 3 月第 1 版
印　　次	2022 年 3 月第 1 次印刷
书　　号	ISBN 978-7-5504-5139-1
定　　价	78. 00 元

▶▶ 摘要

　　本书以近代中国商事立法对投资者保护的有效性为切入点，结合近代中国证券市场的发展轨迹，探究正式制度是否能通过影响投资者保护而最终影响到金融市场的发展。

　　制度对于经济发展十分重要，但究竟什么样的制度才会促进经济发展，而这些制度又是如何产生的？经济史学家们通过对美洲殖民地长期发展轨迹的研究指出，欧洲殖民者在殖民地采取的不同制度，对拉美地区当今的发展水平特别是金融发展有决定性意义。这一研究思路对解释当今世界各国金融市场发展水平为何不同产生了重要影响，由此产生了解释金融发展的"法金融理论"。通过区分不同国家所继承的法系，法金融理论认为金融市场发展水平的不同可以通过法系渊源来进行解释。这一解释背后的逻辑是，法系渊源决定了一个国家现行法律对投资者的保护程度，而有效的投资者保护是人们对公司进行投资的前提，这也是金融市场发展的微观基础。

　　法金融学者们的研究，在理论背景上无疑是以历史为导向的。这些学者认为早期的制度设定（如法系渊源等）会影响到后期的金融发展，但同时又缺乏对历史过程的详细分析。本书正是为了弥补这一缺憾而作，通过分析近代中国公司出现后法律对投资者保护的历史变化，验证法律发展能否决定一个国家的投资者保护水平，从而决定其金融发展。

　　本书以《北华捷报》中所列出的上海股票交易市场的原始数据为基础，分析了股票市场的长期发展以及交易量的变动趋势。在分析股票市场背后的制度支持时，我们发现投资者的法律保护和股票市场的发展之间并不存在必然的联系，反而是不同时期统治集团的利益决定了不同的制度设定（法律及其实施），并决定了不同时期的市场发展水平。在债券市场的发展轨迹上，政治因素对债券市场的发展影响更加明显。因此，本书的结论并不支持法金融理论对金融发展水平变动的解释。本书的结论显示，政治因素比早期的法律起源更能影响金融市场的发展。

近代中国社会的急剧转型为我们提供了观察制度变化和市场发展的自然实验。晚清以来的法律移植初步建立了近代社会的商事法律体系。作为一个大陆法系的国家，当代中国的投资者法律保护水平与资本市场的发展并不相称，在法制相对落后的同时资本市场却成长得很快，研究历史对理解这一问题能带来启发。

为了研究历史上投资者保护水平的变化，本书首先分析了法金融文献认为与之相关的几项股东权利和债权人权利。根据法金融理论，股东权利保护对于理解股票市场发展非常重要。为此，笔者具体分析了1904年第一部《公司律》颁行以来对相关股东权利进行保护的措施。通过对历次公司法的详细分析，笔者发现1904—1940年，近代中国的股东权利一直处在变动之中。1927年之后，公司立法对股东权利的保护明显增强，与法金融理论的结论相反，在纸面立法呈现出良好的投资者保护时，同期股票市场上交易量出现明显萎缩。为了深入探究这一问题，笔者试图对法律的执行效率进行衡量。由于很难找到衡量法律执行效率的适合方法，我们采取了法金融文献中以所有权集中度作为衡量指标的方法。其理论蕴涵是，如果小股东的权利不能得到充分保护，则其参与资本市场的可能性就会降低，而公司的所有权也会因此呈现出较高的集中度。本书以1910—1940年的天津为例，整理出这一时段公司股东名簿，在此基础上计算了所有权集中度指标。本书的研究结果发现，即便法律发展对股东权利的纸面保护变得更为完善，但所有权集中度的数据仍然表明这一时期公司的所有权集中度很高。我们通过分析不同时期的政府对经济控制的行为，提出了民营资本通过建立政治关联而获得保护来解释这种情况。

对于债权人权利保护的法律影响，我们通过分析破产法中的相关法条来考察法律对债权人的保护情况。在讨论破产立法的实施效果上，我们通过收集历史档案中的破产案例来进行说明，具体分析了1900—1940年的破产案及其实施程序。相关的案例都表明，破产过程中债务清偿机制得到了较好的实施，一旦商人呈请破产保护时，债权人会议便会迅速召开，议定债务清偿方式，或是更换经理人员复业清产。但结合债券市场的发展来看，法律对债权人的保护也未曾与债券市场发展联系在一起。这是因为，政府公债的发行，在一定程度上对公司债市场产生了抑制作用。

本书以近代中国投资者权利保护机制为切入点，以历史研究的方法证伪了法金融理论认为投资者保护机制受法律渊源决定的假说。本书的结论认为，是统治集团的利益而非法律渊源决定了近代中国投资者面临的保护环境：例如成文法中对投资者实行保护的条文，实际执行中法庭和调解机构的作用如何等。这一环境使得投资者面临着这样的问题：如果法律保护环境真由统治者的利益所决定，那么政府既可以通过界定产权来保护投资者权利，也同样有能力改变这些规则来对投资者进行掠夺。而这些规则正是投资者保护正式机制的重要组成部分，因此，如何限制政府做出保护产权的可置信承诺，是今后需要进一步思考的问题。根据本书的分析，只有让更多的人从金融市场成长中获益，才会提高改变规则的成本，从而建立起有效的投资者保护机制。

▶▶ 目录

1 | 绪论

1.1 研究背景

中国社会自近代以来面临两次大的经济转型，但就法律在中国经济发展中的作用，至今仍有三个问题尚未厘清：首先，晚清以来的商事立法，对于发生在 19 世纪后半期到 20 世纪初的经济变化与发展，究竟有多重要？其次，在 1978 年开始的经济改革中，正式的制度，特别是法律因素，对于改革开放前二十年的产权或者契约安全，究竟起到多大的保护作用？最后，20 世纪早期的法律制度，是否影响到当今的制度设计？

本书试图就这三个方面的问题进行探讨，并且就近代公司这一制度移植的历史背景展开研究。晚清时期，随着近代公司制度移入中国，近代工矿业、金融行业等都采取了公司这一组织形式。股份公司的发展必然对职业经理人员、新的技术以及资本市场的发展产生需求。也正是在这一时期，我国出现了近代意义的资本市场。本书以洋务运动以来的近代工业化过程为背景，以公司法和破产法为例，探究正式制度对投资者保护以及金融市场发展的重要程度。投资者保护对于资本市场的发展十分重要，这也是目前学术界对投资者保护十分关注的原因。资本市场的发展要求公司以及公司所有者对外部投资者，特别是小股东们提供保护，从而鼓励他们参与到股票市场的发展中来。当这些保护措施得到很好的实施时，他们降低了代理成本并能确保小股东不受大股东以及企业内部人的盘剥。

选择商事立法作为研究对象的原因是，近代经济中一个最为重要的经济组织变化是拥有法人地位的股份公司出现。伴随着这一变化的是晚清以来剧烈的制度变迁——从立宪运动到民事领域一系列商事法规的移植。抛开这些外部因素，中国的公司发展也在 20 世纪的前 20 年里，有了一个小小的高潮。无论是外部还是内部投资者，公司设立和发展的基础是，人们对其投资的回报有正向预期。在中国这样一个私人契约十分发达的传统社会，是什么原因确保投资者有这样的预期呢？是移植而来的商事法规吗？抑或是地方一级的商事习惯？本书将这个问题归纳为投资者保护机制问题，重点研究正式机制，特别是法律对投资者的保护作用。同时，本书还试图从股份公司设立的历史背景中理解，投资者的法律保护是否与发展出一个有效率的外部融资市场也是密切相关的。

经济史中的投资者保护是一个值得考量的问题。这是因为，根据经典的企业理论，如詹森和迈克林的研究，企业外部投资者常常冒着被公司经理或者其他内部人员盘剥的风险。如何通过契约从某种程度上来降低这些风险，是公司金融和公司治理领域一直争论不休的关键问题。学者们普遍认为，只有企业通过合同安排解决了投资者和内部人员之间的信息不对称问题，早期的公司才有可能吸引到外部投资者。他们认为，由于获得公司信息的渠道各不相同，投资者通常在与公司代理人的交易中处于被动地位，投资者的财产有可能会因为经理人的机会主义与道德风险而受到损害。这些研究者也认为，能够通过有效的合同安排来减小类似风险。但是，如何能实现"有效的"合同安排呢？这些学者认为这并不能通过国家的商事立法来实现，而是要通过改善投资者对经理人的监督，如完善财务报告等途径来解决。

近年来，对这个问题的研究重点产生了转移，其焦点已经不再是企业的契约安排，而开始注重不同法系的国家公司法对股东的保护程度。这一类文献被称为法金融文献①。法金融文献的一个核心论点是，一个国家的金融发展水平与该国对投资者保护的程度密切相关。具体来说，一个国家的公司可以通过制定公司章程来控制经理人和其他内部人的职权滥用行为，但公司章程的这种保

---

① 法金融文献的代表论文可见 LA PORTA R，LOPEZ-DE-SILANES F，SHLEIFER A，VISHNY R W（后文以 LLSV 替代）. Legal determinants of external finance［J］. Journal of Finance，1997（52）：1131-1150.

护效果，在发展中国家由于法官缺乏训练，通过实施公司法而实现的保护效果往往有限。考虑到这个原因，法金融文献认为，对于证券市场发展来说，最关键的因素是一个国家的公司法和证券法规对公司章程的支持程度，这种支持与公司章程能否被成功实施密切相关。法金融文献的研究还发现，证券市场与公司法规对投资者保护强度有正相关关系，投资者保护程度更高的国家，证券和资本市场有着更好的发展。具体来说，沿袭了英美普通法系的国家（如美国），投资者保护程度显著优于其他大陆法系的国家（法国、德国和斯堪的纳维亚法系）。这些研究结果带来了以下两点启示：①国家法律对投资者的保护和该国资本市场的发展程度密切相关；②由于一个国家的法系渊源决定了对投资者的保护程度，它也会对该国的资本市场发展产生长期影响。

由于法金融文献涉及一个国家长期的金融发展，这些文献或多或少涉及世界上各个不同国家的经济发展史。但遗憾的是，这类文献虽然以不同国家的历史作为研究对象，但却并未真正深入到历史发展过程之中，而是假定历史以其理论设计的路径发展，造成这些理论既以历史为论述对象，却又远离历史发展。

基于此，本书以晚清以来中国商事立法的发展为例，探索制度因素在金融发展中的长期作用。当今的中国经济虽然飞速发展，但其投资环境仍然不够优越，对投资者的保护程度也相对较差；而作为一个沿用大陆法系的国家，中国在立法迟滞的同时却能保持高速的增长。如果完善的投资者保护机制能促进经济增长，那么我们自然会问，在没有有效法律保护的情形之下，投资者的利益是如何得到保护的？法律制度是否会对长期经济发展产生影响？近代中国提供给我们一个十分难能可贵的"自然实验"。

从更广阔的学术背景上来说，这一研究主题涉及制度、金融市场和经济发展之间的关系①。根据诺思对制度的定义，法律是经济运行中的正式制度，研究法律对投资者的保护程度，实际上是研究制度对经济绩效的影响。晚清以来的公司发展为我们的研究提供了这样的机会，为我们认识法律体系对公司投资者的保护程度进而影响到经济绩效的问题提供了"自然实验"。从这个更广阔的理论背景看，本书的核心问题可以归结为，早期制度是否对后期的制度设计

---

① 此处的制度沿袭诺思、格雷夫等人的定义。

和经济发展产生影响？换句话说，是否真的存在着早期制度影响了当下经济产出的"路径依赖"现象？

本书将从两个方面对这一问题进行研究：一方面，理清晚清以来正式制度和投资者保护水平变化的脉络，试图"还历史以原貌"；另一方面，对投资者保护的主要理论假说进行验证，检验作为一个移植了大陆法系的国家，中国的案例是否对这一理论进行了补充。

1.2　研究意义

现代经济学研究就产权保护对经济发展的重要性几乎达成了共识，并认为这是决定经济绩效和制度多样性的一个重要因素。中国自晚清以来就出现了现代意义上的公司组织，并出现了上海股票交易市场。但对于与此相关的投资者权利保护，却一直鲜有文献进行研究，笔者试图通过本书起到抛砖引玉的作用，吸引更多学者关注这个领域的研究。

近代中国的经验是一个独特的个案。其独特性在于，洋务运动以来的中国，本来是一个制度移植的天然实验场所。无论是商事立法，还是公司制度，都是一种"新鲜事物"。就商事立法来说，晚清的立宪运动，虽以仓促之势照搬了德国和日本的立法，但从此就奠定了其大陆法系的基础。而公司制度在晚清初设及随后出现的"资本主义发展的黄金时代"，都反映了这种保护的确立。直到今天，在股权分置的背景下，相关法律对公司投资人的保护程度还相对较弱；但即便是在这样的基础上，从晚清以来，人们创设公司与投资股票市场的热情却丝毫未减。难道投资者明知保护程度很弱，还故意犯不理性的错误去进行投资吗？为此，我们以中国的案例来重新研究投资者法律保护程度如何，是否还有其他的替代性保护措施支持了投资水平，以及投资者保护程度与金融发展之间是否真的存在影响关系。同时，近代的这场变革产生的问题，与改革开放以来中国股权分置改革等带来的问题非常类似，都面临着如何改进投资者保护的议题。本书的研究可以在以下三个方面给现实问题提供借鉴：一是在中国股权分置的特定制度背景下，投资者保护如何促进证券市场的发展和改革；二是中国证券市场投资者合法权益受侵害的情形以及造成的危害；三是与 LLSV

（1997，1998）的研究不同，中国案例的特殊性在于如何在大陆法系的框架内寻找提高投资者保护程度的法律基础，以及找到除了法律因素之外，实现投资者保护机制的其他有效途径。

如果真如本书的研究结果显示，政策因素对于投资者保护有决定作用的话，我们就应该更多地注意政府如何在一个经济体中保持各种经济集团利益平衡的问题。投资者保护水平，实质上是一个公司治理问题，它之所以和政治密切相关，主要是因为政府管控是保证这些保护措施得以实施的一个强有力手段。这也是本书研究的现实意义所在。

1.3 研究内容和研究方法

1.3.1 研究内容

全书分为九章。

第一章介绍了全书的研究背景、研究意义、研究内容和研究方法。

第二章通过对投资者保护的研究进行系统梳理，建立起全书研究的理论基础和研究思路。

第三章就晚清以来的投资者保护环境做了概述，论述了明清以来的法律传统、近代以来系列商事法律移植对投资者保护的影响；并对近代中国开始进行公司立法以来的四部法律中涉及对投资者保护的条款进行了梳理；特别研究了公司制度中有限责任制对投资者的保护。为了将晚清以来的投资者保护和金融发展联系在一起，笔者就晚清以来上海股票市场发展水平和债券市场发展情况进行了研究。

第四章主要研究 20 世纪中国股东权利的发展变化。除了关注纸面法条的改变，笔者也通过收集大量公司章程来检验公司章程是否对股东权利有实质性保护。笔者的研究发现，股东权利和近代中国的政治变迁密切相关。本章的研究主要用来验证两个假设：一是法金融理论提出的股东权利由法律渊源决定的假设；二是股东权利保护与股票市场的发展存在因果关系的假设。如果我们观察到股权保护的下降，那么相应地，我们期待观察到贸易量和资金交易量的下降或者是对劳工保护的增强。根据 Pagano 和 Volpin 的理论（2004），低水平的股东权利保护会促使代表劳工利益的政党当选。但根据我们对整个 20 世纪股东权利保护的研究，有两点是十分清楚的：第一，不同的政府统治期间，股权变化十分剧烈。从纸面立法来看，作为一个从参照大陆法系的法律移植国家，到 1929 年公司法颁行，纸面上的股权保护条款已经日益完善。这并不支持法系渊源决定后期的投资者保护水平的论点。第二，更应该关注不同公司立法颁行背后的政治经济学解释。事实上，笔者也认为，投资者保护水平仅仅是在劳工权利和股权保护之间做出权衡的观点过于简单，中间涉及的政治集团利益比较是一个复杂的过程。

第五章主要研究了对股东权利保护的实施状况。根据 LLSV 的研究方法，笔者以企业的所有权集中度来衡量小股东能得到有效保护的程度，又或者，公司的大股东能否通过占优势的股权来保护自身权利。如果法系渊源对股权保护是起决定作用的，那么逻辑推论就是，整个 20 世纪的所有权集中度与今天的情况不会有显著差异。本章的结论表明，所有权集中度的变化轨迹与资本市场的发展并无直接联系。所以笔者也认为，我们应该重新考虑法金融学者认为的对资本市场发展相对重要的几项权利。

第六章和第七章通过研究 1860 年以来的债权人保护历史，反证了法金融理论的几个主要观点。第六章通过历史材料说明，在不同的历史时期，对债权人保护的制度处于变化之中。为了研究债权人的法律保护情况，笔者搜集了 1900 年以来的相关破产法律法规，根据 LLSV 的研究方法，在这些法规基础上整理出了对债权人的四种基本保护，以期对其变化进行观察，并就历史上的债权人保护情况与现状做了对比。第六章的主要发现是，整个 20 世纪前半期，对债权人的保护程度相对很强。为了理解债权人权利的变化，我们需要进一步研究破产立法背后的动因。第七章以商会和民国时期高等法院的破产判案为基础，结合当时最大的报纸《申报》刊登的破产案例处理说明，对债权人权利保护的实施做了研究。

第四章到七章的研究结论说明，晚清以来的中国经济发展经验并不支持法金融理论的主要观点。我们发现，虽然晚清以来政府就在积极推行各项商事立法建设，但 1870—1890 年，只观察到近代银行有了长足发展，但资本市场的发展却相对不足。第八章的内容试图解释这种发展差异，近代以来企业家对公司组织形式的选择结果表明，大多数的企业家偏好采用合伙的组织形式，是否是近代金融市场发展不足的重要原因？不同的企业组织形式实质上反映了不同的投资者保护程度，第八章通过归纳晚清以来企业家注册公司时所选择的不同组织形式，论证了在近代初期，合伙制比公司制度更为优胜。企业家选择合伙制减少了通过资本市场来实现融资的需求。

第九章对替代性的投资者保护机制进行了论述。企业家族关系和政治关联的建立作为近代中国对投资者进行保护的重要替代机制，家族关系网络和政治关联的存在是否通过影响企业融资渠道而影响金融市场的发展？笔者在这一部分提出的观点是，这种保护机制的建立，主要通过企业家对企业组织形式的选择来实现。本章也结合近代银行的案例对政治关联的建立如何影响企业发展进行了统计分析，研究结果表明，在政治不稳定的环境下，政治关联在一定程度上成了替代性的投资者保护措施。

在结论部分，笔者认为，为了理解投资者保护水平和金融发展程度的关系，我们有必要对一个国家的历史、政治情况，以及这个国家的正式和非正式制度设定进行深入了解。本书的研究显示，投资者保护以及实施都不是外生给定的，而是与一定的政治集团的利益密切相关。

1.3.2 研究方法

史料和方法问题，一直都备受学者关注。史料是研究的基础，方法是研究的灵魂，以恰当的方法驾驭史料，能起到画龙点睛的作用。经济史研究领域的开拓，离不开对史料的发掘和占有。吴承明先生也指出："史料是史学的根本，绝对尊重史料，言必有证，论从史出，这是我国史学的优良传统。治史者必须从治史料开始，不治史料而径谈历史者，非史学家。由于史料并非史实，必须经过考据、整理，庶几接近史实，方能使用，因此史料学和考据学的方法可以说是历史学的基本方法。从乾嘉学派到兰克学派，中外史家都力图通过考证分析，弄清历史记载的真伪和可靠程度。"[1]

涉及具体研究方法，吴承明先生曾说过，"史无定法"，研究方法要以满足研究对象的需要而灵活变动。本书在研究中主要采用历史实证的分析方法，在涉及具体变量（如市场规模等）的衡量时，结合运用数理分析方法能使结果更

---

① 吴承明. 论历史主义 [J]. 中国经济史研究, 1993 (3)：62-74, 97.

为准确。

本书的研究对象是晚清以来法律对投资者的保护问题，由于投资者权利法律保护的研究涉及资本市场发展的问题，并且有经济学家对这一问题提出过各种可能的理论解释，故笔者也寻求金融理论和制度经济学理论对全书研究进行支撑，并整理出史实验证了已有的理论假设，从而试图将经济史研究与经济学理论进行结合。根据研究对象的需要，本书也采取了历史统计、制度分析、比较研究的方法进行了研究。

经济史研究中，对史料和方法的一个惯常区分就是"历史的经济"与"经济的历史"，这也是当前国际经济史学界中两种不同的方法取向。前者重视从理论出发，在历史中寻找资料支持，从而对理论进行证伪检验。这种方法与规范的经济学经验研究类似，是目前新经济史学家们广为使用的方法，也是英美经济史学界流行的研究方法。而后者重点从史料中寻找问题，并解决问题。这一方法与传统的历史学研究更为接近。两种方法各有长处，将两者完美结合最值得一试，但并不容易。本书在写作上更多地偏重于"历史的经济"方法，同时也尝试将其与"经济的历史"方法结合起来，在历史和经济学中取得平衡。

通过结合历史学和经济学理论，本书力图在以下三个方面实现研究深化：

第一，拓展研究领域。企业是一个社会的经济细胞，是最有活力的有机体，其发展壮大牵涉经济体的方方面面。本书的研究试图将法律移植与企业融资，以及证券市场发展联系起来，通过历史案例说明正式制度对投资者保护，以及金融发展是否存在长期影响。

第二，在企业史研究中，本书对近代中国投资者保护的问题进行了系统分析，并回答了法律对投资者的保护程度是否会影响金融市场发展水平的问题。

第三，本书以详细的历史案例研究对近代中国资本市场发展的正式和非正式制度支持做了说明。本书的发现为法金融理论的核心假说提供了反证，其结论表明，决定金融市场的发展有诸多因素，早期移植的法律体系只是众多因素中并不显著的一个；相反，关系网络、投资者自我保护等作用更为明显。同时，中国的案例也说明政府力量变迁是影响资本市场发展的重要因素。

投资者保护研究的理论基础

2.1　企业史领域的相关研究

经济史对企业和企业制度的研究兴起于最近三十年。国内经济史学者们就近代企业的公司特性、企业制度环境、企业家与政府之间的关系等方面进行了研究，但却很少有学者将投资者保护单独列出。对比近年来企业理论在公司治理、法律和公司组织等方面取得的巨大进步，以及欧美经济史学者在公司史领域研究的新趋势，我国企业史对公司治理中的一个重要方面——投资者保护明显还缺乏深入研究。

涉及投资者保护问题时，一般会在公司治理研究领域内顺便提及。而将公司治理问题纳入中国企业史研究中来，也是近十年来的事。例如，杨在军[①]的博士论文对晚清中国的公司治理进行了案例分析，涉及轮船招商局、青溪铁厂和开滦煤矿几个典型企业，研究思路是第一代的公司治理理论，即以詹森、迈克林企业理论为基础的公司结构中的委托代理问题；杨勇[②]则从经济思想史的视角，系统分析了晚清以来不同时期的中国公司治理思想演变。但两位学者依托的都是第一代公司治理理论，研究的重点在于经理人行为问题。杨勇的研究

---

① 杨在军. 晚清公司与公司治理 ［M］. 北京：商务印书馆，2006.
② 杨勇. 近代中国公司治理 ［M］. 上海：上海世纪出版集团，2007.

虽然涉及近代公司立法这一线索，但其论述的着力点在于各类法律中体现出来的官商关系，并且重点从治理思想演变的过程来论述。杜恂诚[①]从史料钩沉的角度论述了公司章程对大股东权利的限制，可以说是从一个侧面反映了投资者的保护机制问题。

公司的治理问题，可以说是和公司相伴而生的，因此也属于企业史研究的一个分支。目前学术界对于近代股份公司的研究工作，更多的是注重从时代背景、经济变迁等方面着手，文献的高峰出现在近二十年，但公司治理问题进入企业史研究视野，也是近几年的事。对于近代股份公司出现后，相关法规是否对投资者保护程度有所关注，还一直不曾有系统的文献进行论述。

1904 年，清政府颁布了中国有史以来的第一部《公司律》，后又修订颁布了《公司条例》，公司作为近代中国新兴的企业财产组织形式得到了国家法律的认可。公司制也进入了准则主义时期。而股份制公司作为一种新的事物，相关研究主要涉及了如下的重要问题：官督商办股份制公司制度的特点及历史地位、近代股份制思潮、晚清公司制度思想的发展演变、重要人物的企业制度思想等。例如官督商办企业，研究重点在于其制度特点。其作为一种过渡形式的企业组织形式，有学者指出其是拥有众多财产主体的联合体，官督商办企业的资本一般被分成若干股，向社会公开出售，股东通过购买股票，享有了企业的一部分所有权，这种所有权是通过一定的股东权利与责任体现出来的。而对于官督商办形式下的股东，究竟其权利如何，还是尚待研究的"黑匣"。官督商办企业在形式上实现了资本所有权和资本经营权的初步分离，股东作为资本所有者，根据股金多少享有不同程度的股权，但这种股权主要是一定的监督权、参与权，而不是经营权，掌握企业经营权的是督办（总办）和会办[②]。当时对这些股东的权利是否有专门的法律保护，仍然是有待深入探究的问题。

涉及和投资者保护相关的治理机制问题时，有学者指出，官督商办企业形式上拥有法人治理结构，实际上都是官员执大权。企业经营方面依赖于清政府的扶持，企业普遍享有行业的专利保护以增加竞争力。但由于实行普遍的官利

① 杜恂诚. 近代中国股份有限公司治理结构中的大股东权利 [J]. 财经研究，2007 (12)：38-46.
② 刘伟. 洋务官商体制与中国早期工业化 [J]. 华中师范大学学报 (哲社版)，1995 (4)：100-106.

制度，盈余中不提折旧，而是固定支付股息，故企业绩效一般都很低下①。在官督商办企业特征的分析上，轮船招商局常被作为典型例子。与其他企业一样，其创办资金一般由洋务官员以官款支付，或者由买办商人筹集，从而使得官方资金成为性质难以界定的资产。但一般认为，在当时中国尚无公司法可言的外部环境下，官督商办企业无论是在组织形式、治理结构，还是经营管理上都还极不完善，存在许多不规范之处，与近代公司制度尚有较大差距，严格说来还不是真正意义上的近代公司②。

对近代公司投资者保护的探讨还零散地分布在一些系统研究近代中国公司制度和中国公司制思想的著作中。其中颇具代表性的著作有豆建民的《中国公司制思想研究（1842—1996）》，张忠民的《艰难的变迁：近代中国公司制度研究》。此外，沈祖炜主编的《近代中国企业：制度和发展》也涉及近代公司发展中立法对企业环境影响的问题。豆建民先生在其专著中集中论述了近代中国公司制度思想的产生与"官督"问题，认为西学东渐中产生的公司制思想对国内的具体实践起了开风气之先的倡导作用，具体实践及产生的问题迫使人们掌握更多的有关公司制的知识，加深对公司制的认识，公司制思想伴随着对国内实践的不断反思和论争而得以深化、丰富和发展。近代思想家们从多种角度认识公司制，他们普遍地以较多的笔墨称赞公司制的功能，认为采取公司制可以振兴中国工商业并达到国富民强的目的；认识到公司制的集资功能与公司投资主体的多元化；介绍了国外的公司立法状况，建议清政府也应颁布公司法规，明确公司的法律地位；探讨了公司内部治理机构和运作机制。近代思想家谈论公司时常涉及公营和私营问题，在他们的潜意识中，公司就是民办的，公司的投资者是私人而不是官府，认为公司具有民办性质。在公司制思想的相关研究中，豆建民先生的著作最有分量。他指出近代中国官督商办式股份公司与一般股份公司有两个根本区别：一是官督商办企业的股东基本不享有股权，没有对企业的控制权，只是享有固定的"官利"，如同债权；二是官督商办享有皇帝特许的行政性垄断权。官督商办股份制的政企不分表现为政府直接干预企

① 姜伟. 论股份有限公司制度在清末民初的演进 [J]. 南京师大学报（社会科学版），2000（1）：36-62.

② 张忠民. 艰难的变迁：近代中国公司制度研究 [M]. 上海：上海社会科学出版社，2002：127-130.

业的内部治理，从而剥夺了股东的股权，企业并未按股份制运作。这些观点在一定程度上都涉及投资者保护的问题，但遗憾的是，都缺乏系统而详细的研究。

豆建民先生在其著作中还探究了清末公司制度建设思想，指出甲午战争前后人们开始思考通过公司立法来依法保护商办公司和投资者的权益。1904年，清政府颁布的《公司律》和商部奏立的《公司注册试办章程》反映了从"官督"思想转向"依法保护"的意愿。清末时期人们对《公司律》等法规进行了反思检讨，指出律文条款的若干缺陷，对"官利"制度及公司制度辅助机关也做了若干检讨，还分析了非正式制度如习俗、习惯、传统价值观念、意识形态等对公司制度建设与发展的影响①。

对晚清有识之士的投资者保护的思想，学者们也有研究。如罗肇前对晚清重臣张之洞经济思想从官办向商办转变的历程进行了考察，指出张之洞的企业思想经历了从力持官办到主张"商能分利，不能分权"的官商合办，再转向官办企业招商承办，到最后形成商办思想，真正明白官办确不如商办，只有商办才能使企业长期正常运转。研究者认为，张之洞经济思想的转变表明，在中国近代化的起步阶段，近代民用企业只能采用赖商承办的形态，否则便无法生存②。周建波的博士论文《洋务运动与中国早期现代化思想》也对洋务运动时期在中国建立股份公司的思想做了简要的论述，指出了这一时期建立股份公司思想的主要内容：第一，股份公司必须依法成立，要加强对公司成立资格的审查。第二，必须建立健全的公司内部组织制度。第三，政府应该运用国家政权的力量支持股份公司的发展。第四，强调公司内部道德建设的重要性。第五，股份公司要健康发展，证券市场必须规范③。遗憾的是，这些讨论都还没有将论述上升到这些思想背后对投资者权利的保护以促进公司发展的层面上来。

从以上的回顾可以看出，学者们对近代股份制的研究，虽然起步很早，但对近代法律移植以及微观上投资者权利保护等，都还鲜有文献探讨。近代中国股份公司兴起以来，对投资者保护进行专门研究的文献很少，非常多的文献集

① 豆建民. 中国公司制思想研究（1842—1996）[M]. 上海：上海财经大学出版社，1999：8-37.

② 罗肇前. 由官办向商办的转变：张之洞经济思想研究之一 [J]. 中国经济史研究，1997（3）：106-116.

③ 周建波. 洋务运动与中国早期现代化思想 [M]. 济南：山东人民出版社，2001：148-156.

中于对股份公司进行定性研究，突出其家族公司特点等。如吴承明先生在《中国民族资本主义的特点》一文中指出："就是在股份公司组织形式中，也或多或少地带有家族性的关系。例如：有这样一个公司，它的资本分为二十五股，由母亲兄弟姊妹所分有，这些人或是经理、协理，或管业务、财务，都拿高薪，而且在原料和产品的进出上都拿佣金。"①

在中国近代，随着官督商办这种过渡的公司形态逐步走向没落，以家族为核心的商办公司蓬勃发展了起来。家族关系在商业经营中的广泛应用，不仅是中国的一大特点，也是世界范围内公司发展的必然。学者们提到了近代企业家的信任范围相对狭隘，从某种程度上说，其实是企业家进行投资时的一种自我保护措施。一般认为，由于传统家族观念和近代公司产生条件的不成熟，中国近代企业家把社会信任范围限制在同乡和家族范围内，从而在公司的股权结构和高层管理人员安排方面，都体现出浓厚的家族色彩。由于近代家族公司的普遍性、家族公司存在时间长、资料相对丰富等特点，相关研究颇多。但学术界对家族公司的研究基本限于实证研究，仅仅局限于单个公司成长的个案分析，并没有深入分析家族关系对投资者的保护作用。

近代中国的公司立法以及投资者保护问题也引起了西方学者的注意。威廉·柯比（1995）阐述了中国从设立第一部近代意义的公司法以来，公司法规变动对企业发展只能起到非常有限的作用②。1904 年清政府以西方为摹本设立的第一部公司法，尽管以促进经济发展和保护中国企业同西方企业公平竞争为目标，但实质上更多服务于加强清政府对晚清社会控制的目的。近代公司制度移入中国，并未如所预见的那样促进私人经济领域发展。柯比观察到，仅仅有很小一部分的企业在商部注册成为公司，显然，中国商人并不钟情于公司这一组织形式，而仍然采取了传统的合伙或者家族经营作为商业组织形式③。柯比认为，由于中国的商业组织大都以家族资金组织运营，对公众和政府关注的惧怕演变为对"公司"这一新式组织形式的不信任，这是导致企业非公司化的主要

① 吴承明. 中国民族资本主义的特点 [J]. 经济研究，1956（6）：111-137.

② WILLIAM C K. China unincorporated：company law and business enterprise in twentieth-century China [J]. The Journal of Asian Studies 1995, 54（1）：43-63.

③ WILLIAM C K. China unincorporated：company law and business enterprise in twentieth-century China [J]. The Journal of Asian Studies 1995, 54（1）：53.

原因①。

Elizabeth Koll 和 William Geotzmann（2005）则从公司治理的角度解释了为什么《公司律》最后在 1904 年失败。他们的解释基于两个假说：一是《公司律》无法将所有权和控制权从经理人（特别是公司创始时得到政府庇护的经理人）手中转移到股东手里；二是政治局势不稳定与近代资本市场发展的滞后，使得公司发展也非常迟缓②。曾小萍对自贡盐业的研究为这一观点提供了经验证据。她发现，持续增加的征税压力以及连续不断的战争，完全不鼓励企业家们进行 20 世纪初那样的横向或者纵向合并，反而促使 20 世纪二三十年代时期的企业家们更多地利用手中资金组织专业化的投资生产③。科大卫（2002）也注意到 1904 年的公司法的作用，即 "中国政府终于承认了公司法人和有限责任"，尽管最大的商人还像以前那样，依靠自己及其家庭的资金，同时也得到一小群合伙人的资助；但他同时还观察到，采取 "公司" 这一组织形式，对于商人来说，意味着要接受在一个开放的市场上筹集资金，而这一点直至进入民国时期还没有做到④。

官督商办企业在形式上实现了资本所有权和资本经营权的初步分离，股东作为资本所有者，根据股金多少享有不同程度的股权，但这种股权主要只是一定的监督权、参与权，而不是经营权，掌握企业经营权的是督办（总办）和会办⑤。涉及投资者保护，学者普遍认为初期企业中政府大员以政治权力对企业小股东有压制和侵蚀行为，立法对企业生产环境影响很小。这些观点在一定程度上都涉及投资者保护问题，但遗憾的是，都缺乏系统而详细的研究。总的来说，从已有的研究成果看来，对近代股份公司出现以来商事法如何对公司投资者保护产生影响，还缺乏系统性的研究，在这一领域还存在显著的拓展空间。

---

① 钱德勒. 看得见的手：美国企业史中的管理革命 ［M］. 重武，译. 北京：商务印书馆，1987.

② 对中国历史上公司治理问题的讨论，见 ELISABETH K，WILLIAM N G. The history of corporate ownership in China：state patronage，company legislation，and the issue of control ［M］//RANDALL K. A history of corporate governance around the world：family business groups to professional managers. Chicago：The University of Chicago Press，National Bureau of Economic Research series，2005.

③ ZELIN M. The Merchants of Zigong ：Industrial Entrepreneurship in Early Modern China ［M］. New York：Columbia University Press，2005.

④ 科大卫. 公司法与近代商号的出现 ［J］. 陈春声，译. 中国经济史研究，2002（3）：61-72.

⑤ 刘伟. 洋务官商体制与中国早期工业化 ［J］. 华中师范大学学报（哲社版）. 1995（4）：100-106.

2.2 投资者保护研究的思想脉络

自从公司作为一种法人实体在历史上出现，就有经济学家注意到伴随着公司制出现的公司治理问题。例如，早在 1776 年《国富论》发表后，亚当·斯密就研究了所有权和经营权分离而导致的经理人员不负责任的代理问题。而在经典企业理论研究中，Jensen 和 Meckling（1976）① 将代理成本引入了分析：经理人和股东效用函数不一致，导致经理人行为会偏离股东效用最大化的目标。这一论文的发表，使得委托代理成为公司治理问题的讨论核心。解决代理人和股东效用函数偏离的问题，实际上也是如何对投资者进行保护的问题。毋庸置疑，法律是投资者保护的一个重要机制。

法学家克拉克最早提出法律对投资者保护起关键作用，在此之后，经济学家们在这一思路下深入研究了法律在公司治理中的作用。其中最重要的拓展由 LLSV 等学者做出②。他们开创了系统研究法律体系对投资者保护的"法金融理论"。法金融理论的基本观点为，投资者保护取决于一个国家的法律体系和执法力度。根据法学家 David 和 Brierly（1986）的研究③，世界上大多数国家的商法来源于两大法律体系：一是以英美为代表的普通法系，二是起源于罗马法的大陆法系。前者通过殖民扩张影响如美国、加拿大、澳大利亚及东南亚的一些国家；后者又可以细分为法国大陆法系、德国大陆法系以及斯堪的纳维亚法系。LLSV 的研究认为，不同法系国家对投资者法律保护的水平决定了企业"内部人"剥夺"外部人"的能力，从而决定了投资者参与金融市场的程度，并最终决定了金融市场发展程度。这几位学者的一系列文章在法律和公司治理领域产生了巨大影响，为我们理解投资者法律保护机制提供了一个基本的理论框架。

---

① JENSEN M C, MECKLING W H. Theory of the firm: managerial behavior, agency costs and capital structure [J]. Journal of Financial Economics, 1976 (3): 305-360.

② LAPORTA R, LOPEZ-DE-SILANES F, SHLEIFER A, et al. Law and finance [J]. Journal of Political Economy, 1998, 106 (6): 1113-1155.

③ DAVID, BRIERLY. Major legal systems in the world today [M]. London: Stevens & Sons, 1977: 25-37.

通过以上学术界对投资者保护机制问题的研究回顾，可以看到，投资者保护是公司治理及现代法金融理论的核心问题，但同时又是一个充满争议的论题。代表性的 LLSV 的著作，其贡献有三：一是通过投资者保护解释金融市场的发展水平；二是提出了作为殖民后果的法律移植，各国法系是外生决定的，并且这一外生的法律渊源决定了这个国家今后的投资者保护水平；三是用法源解释了现实中各国不同的投资者保护水平。而争论的主要问题集中在两个方面：其一，LLSV 对投资者保护水平的衡量是否准确？其二，法源是否真正能够解释投资者保护水平的差异？由于本书重点关注的是近代法律移植对投资者保护的影响程度，故在下一节将详细综述法金融理论。

国外讨论投资者权益保护时，往往把控股股东与管理层都认为是内部人，投资者权益保护主要针对外部中小投资者，包括股东和债权人。本书遵从惯例，也将所探讨的投资者权利限定在股东权利和债权人权利上。

2.3　法律制度对投资者的保护

2.3.1　理论研究

投资者的保护机制可以有很多种，从第三方强制实施的法律到投资者的自我保护，都在不同的环境下发挥着作用。那么，为什么现实中能观察到不同国家之间投资者保护水平的差异呢？与该主题最为相关的法金融文献，以法系渊源的差异为解释因素，解释了不同国家的投资者法律保护水平。LLSV 等学者在 1997 年的论文中将世界上主要国家的法律体系划分为英美法系、法国法系、德国法系和斯堪的纳维亚法系，而认为英美法系的国家法律对投资者权利的保护水平普遍高于其他法系的国家法律（LLSV，1997），而投资者保护水平较高的国家，也对应着较高的金融发展水平。这一理论引发了大量对法系渊源和资本市场发展之间关系的研究。处于经济转轨期的中国，20 世纪 90 年代初以来，对中小投资者的法律保护不断加强，同时中国资本市场也在快速发展（沈艺峰，2004），这似乎也印证了法金融理论。

法金融文献的主要思想是，世界上不同法系的国家其投资者保护水平不同，而这种投资者保护水平的差异，又是其资本市场发展程度不同的重要决定因素。根据此类文献，一国法律对股东和债权人的保护程度将决定其金融市场的参与度，而其参与正是经济增长的来源——投资增加。这是因为，"当外部投资者投资于企业时，他们面临着被大股东或者经理人员盘剥"；同时，经理人和大股东，即"内部人"有动机通过"变卖资产，或以更低的价格在不同公司之间进行资产转移"①。很明显，投资者只有在确保其投资能有回报时才会投资于企业。法金融理论给出的分析是，法律能赋予投资者某种权利，从而保护投资者不受内部人员的剥削，具体涉及更换董事、停止牺牲外部投资者的利益而为内部人谋利的经营项目、对管理层进行申诉并获得一定赔偿等。企业股东和债权人的许多权利都可以通过企业和投资者之间的合约来实现。因此，法金融文献认为，一个国家的公司法、破产法以及证券法应该包含着对投资者进行保护的条款。基于这一思想，学者们以跨国数据为基础，分析了英美法系国家和大陆法系国家在投资者保护水平上呈现的系统差异，其结论认为，英美法系国家在私有产权保护、契约实行以及通过立法保护投资者方面都优于大陆法系国家②。外部投资者确信自己的权利得到有效保护时，对资本市场的参与程度也会更高。

对于股东来说，重要的权利包括选举权、参与股东大会的权利、对董事及内部人决定的质疑权、优先认股权、召集临时股东会议以及确保他们能参与公司有关决策的其他权利。

重要的债权人权利包括在企业破产时取得附属担保品的权利、优先赔偿权、控制公司重组、提名新的经理人员等权利。

LLSV 以 1995 年世界上 49 个国家的数据为样本，通过加总这些国家公司法和破产法对投资者权利保护的条文数目，创建了一个法律对投资者进行保护的指数。在此基础上，他们研究了不同法系国家法律对投资者保护的程度。研究结果显示，法律对投资者的保护程度与一个国家的法系渊源密切相关。

借鉴了比较法学家的研究成果，LLSV 将所研究的样本国家法律体系分为两种最主要的法律传统：民法系和普通法系。民法系是"当前世界最有影响的

① LAPORTA R, LOPEZ-DE-SILANES F, SHLEIFER A, et al. Investor protection and corporate governance [J]. Journal of Financial Economics, 2000 (58): 3-4.

② LAPORTA R, LOPEZ-DE-SILANES F, SHLEIFER A, et al. Law and finance [J]. Journal of Political Economy, 1998, 106 (6): 1113-1155.

法系",基于法律条文和法典,对制定法条的专家学者有较高程度的依赖①。民法系下主要又分为三种法律传统:法国、德国和斯堪的纳维亚法系。法国的成文法系形成于法国大革命之后,也是基于罗马法的传统建立起来的。拿破仑时代通过的许多法典,伴随着拿破仑在欧陆的征服行动,影响到近东地区、非洲一些国家以及卢森堡,另外也影响到西班牙、意大利、保加利亚以及他们的殖民地。德国法系则是在法国法系的基础上稍加变动而形成的。根据比较法学家梅利曼(John H. Merryman)的研究,德国法系基于这样的思想:"法官是必要的,他们将服务于解释和应用法律,而这些法律也应该为受训律师的要求所服务。"德国1896年通过的法典,并没有完全废除之前的法律,而是将德国法律传统(强调对法律的解释)与法国法系的核心(一部统一法典规范所有领域的法规)结合起来。与法国法系相比,德国法系为解释法律留出了更多空间。德国法系对澳大利亚、埃及、瑞士、日本、韩国等产生了很大影响。而斯堪的纳维亚体系更多地被视为普通法系的一种,法金融理论的大多数研究都将其划分为单独一类的法系。部分原因是这些国家并不像法国法系国家那样使用统一法典。

普通法系国家主要包括英国及其前殖民地。它与民法系最大的不同是,法官判案经验成为法律的最主要来源。对特别案例和纠纷的审判,最终会成为法律。

法金融文献的一个最重要的发现是,民法系的国家对投资者提供的保护水平弱于普通法系国家,这种保护程度与人均收入水平互相独立。相对而言,普通法系的国家对股东和债权人保护程度最好,而法国法系国家保护程度最弱。德国法系和斯堪的纳维亚法系介于这两者之间。LLSV研究的回归结果显示,投资者保护程度能够很好地解释不同国家之间金融发展水平的差别②。

法金融文献将很大注意力放在了法律渊源对投资者法律保护程度的影响上。他们认为,法律渊源是在一国金融发展之前就已经存在的,而不是为了回应市场发展而制定法律。由法律渊源决定的法律体系,将反过来影响市场发

---

① LAPORTA R, LOPEZ-DE-SILANES F, SHLEIFER A, et al. Law and finance [J]. Journal of Political Economy, 1998, 106 (6): 1113–1155.

② LAPORTA R, LOPEZ-DE-SILANES F, SHLEIFER A, et al. Law and finance [J]. Journal of Political Economy, 1998, 106 (6): 1113–1155.

展。这是因为，很多国家建立法律体系多是出于被动而非主动（通过殖民或者征服行动）。为此，法系渊源可以被视为一个国家的公司所有权结构变化以及金融发展的外生变量。这使得法金融理论能得出这样的结论：如果在不同法系的法条之间有实质性差异，并且这些国家的金融发展和所有权结构变化也出现相应的不同，那么，法系差异确实是导致不同结果的原因。

法金融文献通过经验研究来支持其整个论点，以跨国数据的回归结果来解释 1995 年世界各国的投资者保护程度和资本市场发展水平。其研究涉及 49 个国家，列出了它们在债权人保护、股东权利保护上的法条数目，将刻画法源的虚拟变量引入回归，假设一个国家在许多年前采用的法律制度和今天的市场发展程度之间存在着线性关系，这一虚拟变量是对法律设立历史进程的近似，更进一步说，法源和金融市场发展之间保持着恒定的态势。

回归结果被用来验证 LLSV 的理论分析：普通法系的国家，法律对投资者的保护程度更好，发展出了规模更大的债券和资本市场。而法国民法系的国家，无论以何种标准进行衡量，孕育出的资本市场是最为弱小的。按照时序，法金融文献的经验结果显示：首先，法律体系对于金融市场的发展十分重要，并且法系渊源会对金融市场发展产生持续的影响；其次，回归结果也显示出普通法系的国家在发展资本市场时具备更多优势。

2.3.2　实证研究

LLSV 的研究工作引起了世界范围内学者的激烈讨论，Beck 等认为①，通过法律渊源影响投资者保护水平最终决定金融市场发展程度的机制是十分模糊的。根据 LLSV 的研究，这种机制分为两个部分：其一，不同法系国家之间投资者保护水平有显著差异，即便是相同法系的国家内部，其投资者保护水平也会不同；其二，法系渊源通过投资者保护影响金融发展。Beck 等人在此基础上检验了法系渊源决定当前法律环境的几种可能渠道。

根据 Beck 等人的研究，英美普通法系能带来更有优势的法律环境，主要有两种解释：第一，存在法律移植的"适应性"渠道。这种假设认为，英美法

① BECK T A. DEMIRGUC-KUNT, LEVINE R. Law and finance：why does legal origin matter［J］. Journal of comparative economics. 2003, 31（4）：653-675.

系对于变化中的经济和契约环境具备更好的适应性。这又是因为法官能审时度势地判案并以此作为法律基础，而不受固定的法条束缚。第二，政治渠道。这一解释认为，法系背后对应的政治发展史，决定了对产权的保护程度。根据这一思路，民法系和普通法系的最大区别在于它们对产权和契约的保护。以英美普通法系的国家为例，其法律是以限制皇权为线索演进的。与此相反，大陆法系一般都将国家置于核心地位，更倾向于保护政府的权利而不是私人的财产权。根据 Beck 和 Levine 的研究，秉承大陆法系传统的国家，其法律更多朝着深化国家权力的方向发展，这样的国家既然可以承诺保护私产，也可以随心所欲打破承诺。因此，法源也决定了不同法系国家的法律研究方向。英美法系国家的法律演化出了对私产所有者更好的保护（针对国家权力的掠夺），使得私产所有者有信心进行交易，这一行为对金融发展产生了促进效果。相比之下，大陆法系的国家法律体系的演化朝着减少司法腐败、增强国家权力、限制法庭对国家政策进行干预的方向进行。相比于英美法系，国家占支配地位的传统产生的法律体系将更多关注国家的权利，更少关注个体投资者的权利。

为了确切地评估法源究竟通过什么渠道影响金融发展，Beck 等人以计量技术检验了法系的适应性和"政治"两种因素。他们设计了一系列的检验来考察法系对不断变动的环境的适应能力，并测度了立法能在多大程度上受到判案的影响，或者独立于最高法院（政治力量决定）。其研究结果发现，法系的适应性能更好地解释不同法系对投资者的保护力度，以及立法和与此相关的金融发展。他们也发现，法源不会影响金融发展，也难以解释不同国家之间司法体系的区别。他们的研究运用资产证券化的指标进行金融发展的测度，而金融发展被普遍认为是与一个国家立法和司法体系对产权的保护程度相关的。另一个测度金融发展的指标是私人债权占 GDP 的比重，这类指标即使在契约执行体系缺位的情况下也会更高。

Beck 等的研究也指出，理解法源对金融发展的后续影响，一个关键点是看司法体系适应变化的经济形势的能力。为了能够对不同国家的法律适应能力进行区分，研究者采用了衡量其立法体系对判案依赖度的方法。普通法系的国家，从定义上来说立法基于判案，但他们也认为，欧洲大陆受法国民法系影响的国家，同样也有能力变更为以法官运用法典来解释案例。而根据另一些法律史专家（如 Merryman 等）的论述，欧洲受法国民法系影响的国家在 19 世纪都改革了其司法体系，并对判案的依赖度加强①。

但当涉及对法源做出解释时，法学家们在这个问题上保持了一致的观点。根据 Beckowitz 等的研究②，法律体系起作用的程度与一个国家是否是法律移植国家有密切联系。我们所说的法律移植国家，是指一个国家的法律体系并非源于内生，而是通过模仿起源国家（如法国、德国、英国等）而建成。而这些移植国家中，一部分国家的司法体系在起源国的基础上有重大创新，例如美国，就是一个法治水平很强的国家。而另外一些国家，其移植效果就体现为一种弱的法治水平。

总之，以上几种对法金融理论的修正，仍然保留了前殖民地国家能否通过法律移植影响其当前法制体系，以及能否产生有利于商业发展的环境的思路。这些对法金融理论的扩展性研究，很明显与历史进程密切相关，但又无一例外地忽视了历史研究。举例来说，对于一个国家长时期以来是否一直沿着同样的法制轨迹发展，还缺乏较为系统的研究。这些研究方法，无论是法律对投资者保护的法金融理论，还是扩展研究，都忽视了特定历史时刻下政治因素与法律架构形成之间的互动关系。他们都假设早期的制度——法系渊源决定了后期发展的法制、司法情况，从广义上来说，也决定了对产权的保护水平。

根据法金融理论，一个强有力的政府加上与此对应的法律体系，将会更有动机和能力将社会资源从最大化程度的使用当中扭曲。国家能力过强，对社会过多干涉将不利于发展出自由、竞争的金融体系。由此，法律和金融发展文献断言，相对于英美法系国家，采取大陆法的国家倾向于更少的私有产权保护，也享有一个相对较低的金融发展水平。

法金融理论强调法律传统的传播，如法国在殖民地一概推行拿破仑法典；在这一法典基础上形成的西班牙和葡萄牙的法典，更进一步被推广到这两个国家的殖民地当中。同样地，英国殖民者在其殖民地都推行普通法。根据法金融文献，法律传统的推广对一个国家私有产权和金融发展产生了长期影响：英国殖民者建立的法律体系更强调私有产权保护，也促进了金融发展；而法属殖民

① MERRYMAN, HENRY J. The civil law tradition [M]. Stanford: Stanford University Press, 1985: 35-37.

② BERKOWITZ D, PISTOR K, RICHARD J. Economic development, legality, and the transplant eeffct [J]. European Economic Review, 2003 (47): 165-195.

2　投资者保护研究的理论基础

地移植的法律传统，则没有这么大的促进作用。

对法金融理论持不同观点的学者也很多，代表性学者如 Rajan 和 Zingales①，Acemoglu 和 Johnson②，Lamoreaux 和 Rosenthal ③等的研究都认为，法律起源对金融发展的影响十分微小，或者更普遍地说，对经济增长的影响也很微小。

此外，法律渊源文献认为，法律渊源对金融市场发展的影响不只通过投资者保护这一渠道表现出来；在长期中，它甚至决定了整个金融市场发展的整个法律环境。因此，即使控制投资者保护程度这一变量，法律渊源还是能解释当今世界上金融市场发展程度的很大一部分差异。

法金融文献的一个推断是，在长期发展之中，法源和金融市场发展之间存在着线性的联系。从经验研究上看，法金融文献的这一推断，可以从两个方面进行验证：第一，研究早期历史，看是否法律传统能够解释的当今我们观察到的世界各国在金融发展程度上的差异也存在于早期历史中；第二，研究一个特定案例在金融市场规模和投资者保护方面，是否存在时间的变化。第一种验证前文提到的学者已经进行过，本书以近代中国为例在第二种思路下进行研究。

2.3.3　环境禀赋决定投资者保护假说

如果法律环境决定了产权保护水平，那么理解法律环境对我们理解世界各国当今金融发展水平的差异有一定帮助。事实上，对于世界各国投资者保护水平的差异，近年来一直存在着两种竞争性的理论解释：第一种，正如前文所论述的，法金融文献及其拓展研究认为，一个国家的法系渊源决定了投资者保护水平、契约执行以及整体的产权保护情况；第二种，即环境禀赋决定论，强调殖民地的地理和疾病情况对制度形成和发展的影响。

环境禀赋理论源于 Acemoglu，Johnson 以及 Robinson（下文简称为 AJR）

---

① RAJAN R, ZINGLES L. Financial dependence and growth ［J］. American Economic Review, 1998（88）：559-556.

② ACEMOGLU, JOHNSON S. The colonial origins of comparative development：an empirical investigation ［J］. American Economic Review, 2001（91）：1369-1401.

③ LAMOREAUX N R, ROSENTHAL JEAN-LAURENT. Legal regime and contractual flexibility：a comparison of business's organizational choices in france and the United States during the era of industrialization ［J］. American Law and Economics Review, 2005（7）：28-61.

的计量工作①。AJR 的研究发现，欧洲殖民者在到达殖民地初，根据当地的地理环境采取了不同的殖民策略。这种选择很大程度上取决于殖民者在当地的死亡率。在高死亡率的地方，殖民者倾向于建立掠夺制度，在这种情况下，仅仅有小部分的精英得到保护。例如拉丁美洲的所有国家，科特迪瓦、刚果、非洲以及南非的大多数国家。而在另一种情况下，殖民地的环境只会导致低死亡率时，开垦殖民地的策略就会被采纳，创立起支持私有产权和限制国家权力的制度，这些殖民地包括美国、澳大利亚和新西兰。

AJR 理论计量工作建立在两个步骤上。第一步，他们将法律制度（以1980—1995 年不同的产权保护指标来衡量）解释为殖民者最初选择殖民策略的函数。殖民策略又是殖民者死亡率和当地内部条件（原住民和殖民人口的比例）的函数。第二步，对所选时间段的 GDP 取对数，估计法律制度对它的影响因子。计量结果发现，在高死亡率以及土著人口占大多数的国家中，掠夺策略会被实施，这些地方显示的也是一个低的法制指数。法制落后的状况直接影响到第二阶段的回归结果，显示为 1995 年的低的 GDP。尽管如此，他们的计量模型实质上还是假定了殖民地的历史从殖民时代到 1995 年是恒定不变的。当然，AJR 在结论中指出，其研究并不是说殖民地的法制状态会一直维持不变。

AJR 的研究同样也测量了法律传统对经济发展的影响。不过其样本数据仅仅包含了法国民法系的国家和英美普通法系国家。他们的研究结果显示，在不控制殖民策略选择的情况下，法律传统是法制水平和经济发展的一个重要解释变量。即是说，欧洲殖民者建立的这些制度，其影响一直持续到殖民地获得独立之后。殖民者居住下来的国家中，更倾向于建立自由竞争的金融体系；反之则不然。

最后，Beck，Demirguc-Kunt 和 Levine 将环境禀赋决定论的研究进一步拓展，他们测量了地理禀赋究竟是否比法律传统对于殖民地后期的法律环境和金融发展更加重要。他们通过研究殖民者死亡率以及法律渊源两个变量，以解释

· 23 ·

① ACEMOGLU D, JOHNSON, ROBINSON J. A. Reversal of fortunes: geography and institutions in the making of the modern world income distribution [J]. Quarterly Journal of Economics, 2002 (117): 1133-1192.

私人存款总额占 GDP 的比重以及资产证券化水平在国家之间的差异①。研究结果发现，地理环境因素更多地解释了不同国家之间的投资者保护程度和金融发展水平。这几位学者的计量经济分析对法金融理论进行了修正。他们指出，如果不控制地理禀赋这一变量，法系渊源和金融中介发展之间并不存在稳固的联系。但在解释不同国家之间投资者保护水平的差异时，法律渊源仍然具备解释力。不过，和以上几种文献一样，这一计量分析的方法仍然缺乏对殖民地国家的历史研究。

这些理论都涉及了早期的制度设定与当今经济产出和法律制度之间的联系，其共同的一个缺陷就是，缺乏对制度形成进行解释，特别是制度形成背后的政治经济学原因。无论是 AJR 还是 Beck 等人都发现，如果加入关于政治结构的变量，研究结果就会发生相应变化。

2.3.4　政治和投资者保护假说

有关投资者保护水平和金融发展的另一个假说认为，投资者保护水平由政治而不是法系渊源决定。这一分支理论的核心思想是，一个国家的金融发展水平由整个制度环境决定，而这个整体制度环境则是众多政治力量相互作用的结果。从思想史的角度看，这一思想至少可以从三组国外学者的研究成果中得到阐释。本节将对这三组学者的研究内容进行详尽综述，并在这一分支的文献基础上，对未能强调的问题进行说明。

Roe 的研究以世界经济合作发展组织（OECD）成员国为目标，其研究主要强调了意识形态、政治因素对一个国家金融发展水平的影响②。其主要论点为：不同的政治体制对投资人的保护水平是不同的。如对于福利国家而言，股东财富的最大化不被认为是社会发展的优先目标，而就业和公共福利在政策和社会规则制定上更容易得到优先考虑。劳动者和资本所有人之间的冲突常常以惠及劳动者的方式得到解决。"铁饭碗"制度使得裁员变得十分困难。

从这个意义上来讲，社会主义国家在一定程度上削弱了可能使职业经理人

---

①　BECK T, DEMIRGUC-KUNT A, LEVINE R. Law and finance：why does legal origin matter ［J］. Journal of comparative economics，2003，31（4）：653-675.

②　ROE J. Political determinants of corporate governance ［M］. London：Oxford University Press，2003：103-107.

有动力和股东利益保持一致的市场机制。在一个典型的市场化国家中，这种市场机制可以通过对公司股票的买卖来实现。资本市场为职业经理人的业绩检验提供了很好的平台，公司并购隐含着使劳动者面临解雇的威胁。这也是罗尔认为，为什么一个优先考虑员工利益的福利国家无法发展出发达金融市场的原因。

对投资者保护从历史的角度进行考察还有一种方法，Rajan 和 Zingales（2003）提供的例证说明，金融发展的重点总是随着时间的推移而不断变化。他们的例证对法金融理论来说是一种挑战。首先，他们质疑了 LLSV 研究中金融发展和法系渊源独立于时间变化的因果关系。其次，他们的研究实际上发展出了一个利益集团理论，对所选国家内部以及不同国家之间金融发展水平的差异做出了解释。

这两位作者分别选取了大陆法系和英美法系的不同国家，计算出它们在 1913 年和 1999 年中资本市场占 GDP 的比重。如果我们注意观察 1999 年的资产证券化水平，就更容易理解为什么法金融理论对法律渊源给予这么大的关注。在 1999 年，英美法系的国家比大陆法系的国家平均拥有更大的金融市场。但如果再看 1913 年，结果就反过来了，大陆法系的国家拥有更大的金融市场。对于这个发现，Rajan 和 Zingales 的解释是，法系渊源其实并不会决定金融市场的发展。

而对于金融发展，他们有着更为复杂的思想。从他们的观点来看，一个金融发展体系包括了这几个方面的内容：一是对产权的保护；二是透明的会计制度；三是一个能执行契约的法律体系；四是建立起保护消费者、促进竞争的基础设施体系。根据这个方面的文献，满足这四个方面条件的金融体系能使企业家和金融家在更大程度上推进金融发展。但如何形成这样的金融制度并加速金融市场的发展，在他们的理论中这仍然是一个"黑匣"。他们的模型并未就如何实现金融发展进行解释。例如，当一个国家在国际市场中的贸易量和资本流动都增加了的时候，产权保护以及会计标准的提高是如何实现的？在文献中，这仍然是悬而未决的问题。

另外，根据 Rajan 和 Zingales 的研究，金融市场的逆转发生在第一次世界大战时期，而在大萧条之后金融市场出现加速发展。大萧条激发了世界上各国政府之间的合作，但同时资本流动也减少了，市场萎缩使商人们不再寻求通过扩大投资来促进经济发展，而是转向其他的商业发展战略。

Rajan 和 Zingales 的研究从计量结果上看也十分具有说服力。他们认为，利益集团和经济绩效之间存在重要联系。但是，他们既没有对促成金融市场起落的法律变化做出说明，也没有就各种利益集团（企业家、工人等）的利益如何影响了投资者保护做详细说明。

最后一类投资者保护的政治决定理论由 Pagano 和 Volpin 等学者发展起来①。他们的模型并不像 LLSV 那样，认为投资者保护程度是外生决定的。他们认为，法律条文都是受一定政治程序影响的。他们假定经济体由三种力量组成：劳工、企业家和债权人（股东以及债券购买者）。根据模型的设定，在第一个阶段，企业家从债权人那里借入资产，筹资成功之后，企业家会倾向降低投资者保护程度，从而可以将资金用于个人用途（典型例子是，他们会倾向于盘剥小股东，或者债权人）。在第二个阶段，劳工由于失业的恐惧而会努力争取更多的保护；而债权人也会为避免被盘剥而争取更多的保护，当公司的各种力量重组之后，企业价值就提升了。

这一模型的核心是假定政治程序是外生的。Pagano 和 Volpin 发展的模型基于两种政治选举制度：多数选举制和比例选举制。他们首先假定存在着两个相互竞争的政党，在比例选举制下，政党获得的席位与其获得的票数成正比；而在多数选举制下，获得多数选票的政党将获得选区所有的席位。

在比例选举制下，政治平台的胜出取决于内聚力较大的社会集团（企业家、劳工），而整个靠租金生活的阶层内聚力比较小（Pagano 的解释是，这一阶层一般由失业人口以及个体户构成，是非常松散的结合体），不像劳工和经理人员那样具备内在统一的利益。根据他们的解释，在多数选举制下，政党更容易倾向于内聚力较小但具备同质性的利益集团。这是因为，在这一选举体制下，为了赢得多数选票，这些集团是选区的关键性力量。

Pagano 和 Volpin 的模型得到了经验证据的支持。他们以 45 个发展中国家为例来研究投资者和劳工保护水平。他们的结论是，比例选举制与投资者保护水平是呈负相关的。但如果控制选举制度这一变量，他们的研究发现，法系渊

---

① PAGANO M, PAOLO F. VOLPIN. The political economy of corporate governance [J]. American Economic Review, 2005, 95 (4): 1005-1030.

源对于投资者保护的影响也仍然是不显著的。据此，他们认为，政治因素在一个国家的投资者保护水平的决定上，比 LLSV 认为的法系渊源要更为关键。但是，在涉及劳工保护问题时，法系渊源仍然是比选举制度更加具备解释力的因素。

Pagano 和 Volpin 的研究有两个方面的特点。第一，在他们的模型中，投资者保护水平单纯地取决于各个利益集团之间的利益关系，而与资本流入量、意识形态等没有相关关系；第二，假定政治体制外生决定为民主政体，比较了两种选举体制——比例选举制和多数选举制下不同的投资者保护水平。

从适用性上来看，这一模型主要适用于解释 OECD 国家中投资者保护水平的差异，但对发展中国家的情形却缺乏解释力。例如，他们假定劳工和企业主之间的利益是相对的，但在历史发展中，很多时候这两个阶层却愿意结合在一起来争取共同的利益。最典型的例子是墨西哥的纺织业，Gomez-Galvarriato 的研究指出，在大萧条之后，劳工与企业家们（纺织企业大多数由家族和小股东控制）大都同意避免竞争以保护工人的利益。政府也为纺织品提供关税保护来支持劳工利益。

2.4　研究思路

通过上述文献梳理，可以看出，这几种有关投资者保护的理论都有两个方面的缺失。一方面，我们对于投资者保护如何变化，以及政治程序如何影响了这种变化缺乏清晰的理解。这些理论都假定法律制度（或者政治体制）与实际的投资者保护水平之间存在着某种联系，但又缺乏对这种联系的细节研究。另一方面，我们仍然不清楚早期的制度设定如何影响了后期法律，以及在不同的时间点如何对投资者保护的实施产生影响。迄今为止，大多数理论都假设投资者权利保护以及法制水平（特别是法律体系建设）从早期法律移植开始就保持不变。同样，就投资者保护的政治理论来说，我们也不清楚是否统治集团利益的改变会影响投资者保护水平。

无论是法金融理论还是其他的替代性解释，虽然都涉及历史方法，但却没有进行真正的历史研究。只是假定在两个点上历史按照他们的推论在发展，即一端是过去殖民地制度建立的时点，另一端是这些国家现代的投资者保护水平。法金融理论假定了投资者保护和法系渊源之间的线性关系，根据这一假定，既然外生决定的法系渊源在法系设立之初就决定了一个国家的投资者保护水平，那么逻辑上我们就不可能观察到这个国家在投资者保护上的变化。要观察这一现象，可以通过两个渠道进行，其一是观察不同的国家在不同时间点上投资者保护水平的变化；其二是以一个国家为例，观察一段历史时期内这一保护水平是否发生了变化。由于第一类方法已经由 Zingales 的研究所填补，本书采取第二种方法，以晚清以来中国商事法律和公司制度的最初移植与确立，来检验是否历史真如这些理论所假设的那样发展。

据此，本书主要检验了以上综述中提到的三种假设。第一，试图检验法金融理论的论点，即认为法系渊源决定了投资者保护水平。第二，试图检验投资者保护水平是否受到企业家利益的影响（如 Rajan 和 Zingales 认为的那样，又或者是由 Pagano 和 Volpin 所描述的那样，不同的政治力量之间相互博弈影响了投资者保护水平）。第三，试图检验是否早期的制度设定会一直持续影响当下的法制水平以及投资者保护的实施。

3 近代投资者的法律保护与金融发展

3.1 商业活动与习惯法传统

要厘清法律对投资者的保护作用，有必要对明清以来的商事立法传统做一个简单回顾。学界对中国的法律传统，一直以来的看法是，中国有刑事立法的传统，但缺乏民事立法的传统。但近年来，随着大量档案被发现，历史学家开始重新评估这种看法。比较有代表性的观点，如 Zelin（2004）① 通过对巴县档案即自贡盐业档案的研究，发现中国是一个民间商事契约非常发达的国家；对于商业领域的纠纷，中国向来有通过国家"正式"解决和其他机构（如商会）仲裁调解等传统解决方式。同时，纠纷也会根据当地的商业习惯来解决。

中国社会的法律传统，可以用习惯法的存在进行概括。梁治平曾指出，"习惯法是这样一种知识传统：它生自民间，出于习惯，乃由乡民长时期生活、劳作、交往和利益冲突中显现，因而具有自发性和丰富的地方色彩。由于这套知识主要是一种实用之物所以在很大程度上为实用理性所支配"②。在中国，固然有"重农抑商"的传统，但商业活动还是大量而频繁地存在。与商业活动相关的例如破产、商业借贷等行为也一直存在。对于破产状况，早在明朝万历年

---

① MADELEINE ZELIN. The merchants of Zigong：industrial entrepreneurship in early modern China [M]. New York：Columbia University Press，2005：10-17.

② 梁治平. 清代习惯法：社会与国家 [M]. 北京：中国政法大学出版社，1999：128.

间就有记载，尚书赵世卿的奏章云："临清向来段店三十二座，今闭门二十一家；布店七十三座，今闭门四十五家；杂货店今闭门四十一家，辽左布商绝无矣……"就这份材料而言，当时的破产事件不仅频发，而且范围十分广泛。不论商事，即便在乡民之间，亦有大量的破产事件存在。所以，在正式法律出现之前，定然也存在着解决纠纷的机制。而这些商事习惯，是否会对后期立法的设立和执行产生影响呢？

晚清时期政府开始主动而全面地介入全国经济事务，不仅政府组织在经济行政方面开始出现诸如设立商部等巨大变化，颁布商律等相关经济立法工作也加速展开。这些政府经济组织、经济功能以及经济立法的重大变化，主要和晚清政府追求富强的"商战"思想与"收回利权"运动密切相关①。法律的急剧变革伴随着清末以来的立宪运动而产生。随着国门打开，外资新式商业的兴起带来的示范作用使民族资本家开始越来越多地投资商业。同时，清政府在商事领域的立法，与19世纪60年代后国门洞开，本市场上华洋商事讼案逐年增加有关。这些案件增加对清朝官员与本国商人所带来的冲击，其实是一个中国如何融入世界资本主义及其配套的经济法制的问题，而不仅仅是如何挽回本国被侵占的经济资源与被剥夺的司法审判权②。在这样的情境下，中国的法律体系开始在一批学术精英的指导下创建起来。1902年（光绪二十八年）4月，沈家本、伍廷芳奉命修律，启动晚清法律改革。法律改革的主要方式是参酌各国法律，而按照沈家本的话说，"参酌各国法律，首重翻译"③。其间公司法、破产法的较大规模引进，也正是修订法律时期的产物。

这一时期在经济领域的一个重大变化是，公司作为现代经济组织形式的移植进入中国。在企业史研究领域内，有关企业设立的法律规制等问题一般被纳入公司制度建设研究中。对于公司制度，从引入中国以来，无论学术界，抑或是政府精英，无一不给予极高的评价，认为"外洋商务制胜之道在于公司，凡有大兴作、大贸易，必纠结集股，厚其资本"④。曾小萍和冯永明（2008）根

---

① 科大卫. 公司法与近代商号的出现 [J]. 中国经济史研究，2005（1）：57-66.

② 科大卫. 公司法与近代商号的出现 [J]. 中国经济史研究，2005（1）：57-66.

③ 沈家本. 修订法律大臣沈家本奏修订法律情形并请归并法部大理院会同办理摺（光绪三十三年五月十八日）. 见：故宫博物院明清档案部. 清末筹备立宪档案史料 [M]. 北京：中华书局，1979：838.

④ 马建忠. 适可斋记言：卷1 [M]. 北京：中华书局，1960：189.

据巴县档案中的大量民间契约资料，指出民间合股的材料中，虽然大部分是以确立投资者关系为主要内容，但商号与私人以及商号之间究竟是何种联系，仍然存疑。在公司出现之前，曾小萍认为，中国民间的合股组织，在一定程度上已经具备了某些法人特征，例如，其股份可以通过契约规定实现转让，同时，也能以整体形式实现对外投资。合伙形式的企业组织的寿命常会因合伙人寿命的终止而结束，但在中国，这一组织形式常与家族信托联系在一起，使得合伙企业表现出更长的生命周期。曾小萍就此指出，"在这一意义上，可以说中国有一种法人实体概念，尽管它并没有与法人相联系的当代西方法律所规定的所有特征"①。

在中国，公司出现之后很长一段时间之内，社会各界几乎没有涉及其法人属性的讨论，相比之下，英美等国家在20世纪二三十年代对股份公司的法人属性进行过长时间的争议，并对企业法制环境产生了影响，已经显示出中国和西方商业组织不同的发展特点。这种法律传统的不同对后期公司发展和金融市场发展是否产生影响，是一个尚待探究的问题。

从第一部分综述中法律这一正式制度对经济发展的影响来看，自1998年以来，LLSV等数位学者通过对不同国家法律传统的研究指出，英美法系和大陆法系的国家在规范企业发展方面制度迥异，不同的法律传统带来不同的制度安排，对企业和国内金融市场的发展都产生了长远影响。LLSV的分析中，以两种法系下45个国家的公司法律为证据，支持了他们认为英美法系国家比大陆法系国家能够提供更为灵活的商业环境的观点。LLSV的文章引发了法学家、历史学家及企业史学家们对法律体系与长期经济增长活动之间关系的热烈争论。在质疑LLSV观点的文献中，Lamoreaux和Rosenthal提供了强有力的证据②，他们通过比较19世纪中期到20世纪早期法国与美国的公司立法为商人们提供可选择的组织形式，指出法国的成文法典比美国的普通法体系能提供一个更有弹性的商业契约环境。在可供选择的商业组织形式中，他们发现，相比于大陆法系的法国，19世纪中后期的美国商法为商人提供的选择更为有限。而

---

① 曾小萍，冯永明. 近代中国早期的公司 [J]. 清史研究，2008（4）：63-80.

② LAMOREAUX N R，ROSENTHAL JEAN - LAURENT. Legal regime and contractual flexibility: a comparison of business's organizational choices in France and the United States during the era of industrialization [J]. American Law and Economics Review，2005（7）：28-61.

大陆法系的代表国家，如法国，反而能为商人们提供更有弹性的组织形式来满足其融资要求。这一发现使得如何解释 LLSV 分析框架下大陆法系国家的商业环境较差成为难题。

以法律传统为例，研究早期制度对长期经济发展的影响已迅速成为当前的学术焦点之一，这些争论涉及主体都是欧美国家，尚未有人对亚洲国家金融市场和法律制度之间的联系进行过研究。LLSV 的文献虽然用不同国家间的法律传统做了验证，但并未考虑从历史的视角进行验证。研究制度对长期经济增长的影响，中国自身的法律传统有十分鲜明的特点，同时中国又是法律移植国家。商业立法应如何变化以应对 20 世纪初的经济形势，还是一个悬而未决的问题。

中国案例的独特性在于，除了是一个半殖民地国家，同时还是法律移植国家。LLSV 体系中法律体系与经济表现的联系在这一类型国家中的表现是什么？1914-1927 年，中国的投资增长十分迅速，出现了经济史学家们所谓的"资本主义的黄金时代"，这个经济有所成长的时期同时也是各类新式企业大量涌现的时期，但却出现了股份公司设立数目的增加与资本市场的发展相互背离的特征①。而法律传统理论的一个论点正是不同的法律传统会通过投资者保护来促进（或限制）经济发展。那么在晚清以来的商事立法中，法律与投资者保护，以及更进一步的近代资本市场的发展之间存在什么样的联系？为了解这一问题，下一节首先对晚清以来的四部公司立法进行梳理。

3.2 公司法、有限责任与投资者权利保护

3.2.1 1904—1946 年的四部公司法述评

在社会经济领域，一般都是先有经济现象，后有经济法制。近代中国在商业领域的立法也莫不如是。清末以来随着国门洞开，公司制度移入中国。在《公司律》颁行之前，设立公司主要是向地方衙门和中央朝廷申请呈报，然后由朝廷批准，允许其营业。在 19 世纪后半期，几乎所有的商办、官督商办股

---

① 朱荫贵. 论研究中国近代资本市场的必要性［J］. 中国经济史研究，2010（1）：12-17.

份企业都是这样设立的①。光绪二十八年（1902 年）二月，光绪帝正式发布修订专律的谕旨，指出"近来地利日兴，商务日广，如矿律、路律、商律等，皆应妥议专条"，同时谕令出使大臣，查取各国通行律例，咨送外务部。至 1904年 1 月 21 日，《公司律》奏准颁行，成为中国历史上第一部专门的公司法规。

清政府颁行《公司律》的主要动因是鸦片战争之后，国门洞开，外国人对华的投资事务日渐增多，一方面，为了应对外国政府一再要求清政府修订商律以保护在华经商的外国公司之压力；另一方面，也希望能借此保护与外国人进行商战并实现"收回利权"的本国公司。商部在奏拟《公司律》提出的立法说明时强调："筹办各项公司，力祛日下涣散之弊，庶商务日有起色，不至坐失利权，则公司条例亟应县委妥订，俾商人有所遵循，而臣部遇事维持、设法保护，亦可按照定章核办。"②

1904 年的《公司律》共 131 条，分 11 节，为公司设立和经营运作提供了法律规范。《公司律》以翻译和照搬国外成文法国家法条为主，在具体细节方面欠缺考虑。股东权利方面，《公司律》第三十三条、第四十四条到第五十三条，第五十六条到第六十一条都有规定，主要涉及股东对公司信息的知情权（第四十五至第四十七条）、股东议决权的考量。第五十条规定，占公司总股本十分之一以上股东（一人或者多人）"有事欲议"，即可知照董事局众股东举行特别会议，但"必须将会议事项及缘由逐一申明，如公司董事局不于十五日内照办，该股东可禀由商部核准，自行招集众股东会议"。该律第一百条还对大股东的股权进行了限制，对股东在股东大会上的议决权，规定了"有一股者得一议决之权"，而对于拥有十股以上的股东，公司亦可预定章程，酌定其议决权数。但总的来看，法律对几项关键的股东权利还是提供了相应保护。

《公司律》的实际影响一直持续到北洋政府时期。1912 年 3 月 10 日袁世凯在北京就任临时大总统，并通令对前清各项法令，除与民国政体抵触者外，

① 当时的许多企业，虽无公司之名，但业已是类似公司的企业组织。如 1872 年设立的轮船招商局，采用了发行股票、制定企业章程等现代股份有限公司的基本做法。《北华捷报》称，"事实上，从某些方面看，招商局、中国电报局、上海机器织布局等均为公司，只不过它们均在李鸿章控制和指导下运作"。《北华捷报》1887 年 9 月 24 日。

② 礼制部. 大清法规大全 [M]. 北京：北京政学社，1972：3021.

"均暂行援用，以资遵行"①。这样，《公司律》仍然是指导与规范公司运作的基本法规。北洋政府最初设立的农林、工商、交通、财政等部，在审批公司注册申请时，均遵循该律。即使在处理公司内外纠纷、诉讼时，《公司律》仍是主要依据。张謇出任农商总长之后，北洋政府修订新公司法的步伐大大加快。新的《公司条例》于1914年1月13日颁布，这部吸收了晚清法制改革结晶的法令，在法理规范、社会功能诸多方面，都较《公司律》更为规范。原《公司律》仅131条，虽在第一节就规定了公司种类，但从第二节开始，主要内容为对股份有限公司的规定，而对其他各类公司的设立、经营缺乏规定。《公司条例》的内容基本覆盖了各类企业组织形式，在涉及股东权利保护方面，其法意显得更为精确："公司各股东，每一股有一议决权，但一股东而有十一股以上者，其议决权之行使，得以章程限制之。"相比《公司律》的模糊规定，《公司条例》对十股以上股东议决权有了明确限制，这也体现了对中小股东权利保护的进步。在股权方面的一个变化是，1923年《公司条例》修改时，撤销了在召开临时股东会议时对股东占股本总数的要求，由原来要求占十分一以上股本，改为二十分之一以上，减少了一半，使得临时股东会召开更易达到。但总的来说，《公司条例》在股东权利保护上并没有明显的进步，在一定程度上也说明两部法律之间的继承关系。

南京国民政府成立后颁布的《公司法》，对股份有限公司的修订内容最多。就股票发行，第一次明确规定了"股票概用记名式"，发行无记名股票不得超过股份总数的三分之一；股东有委托表决权，但对每股东之表决权及其代理其他股东行使的表决权又有规定，为合计不得超过全体股东表决权的五分之一。新公司法最为重要的增订内容主要是法人持股比例的变动，以及有限公司和外国公司条款的增设。关于法人持股，1929年《公司法》已经有所规定，1946年的《公司法》提高了公司作为法人可以成为其他股份有限公司股东所持股份的比例，但在股东权利保护方面，并未出现太大变化。

公司法律对投资者提供保护，与股份公司的发展密切相关。如果我们将公司立法置于全球的视角下，可以看到公司法的演进，对投资者提供保护的最有力机制不外乎是有限责任和法人地位这两条。以下就有限责任制对股东权利的

---

① 周康燮. 中华民国史事日志：第1册［M］. 香港：大东图书公司，1981：11.

保护做简要论述。

3.2.2 有限责任制对股东权利的保护

从人类经济史的发展看，企业组织形式经历了独资、合伙到公司制的发展历程。现代股份公司的出现与资本主义的兴起之间，有着意义深远的历史联系。无论学者们讲述工业资本主义发展史还是金融资本主义发展史，一个相同的特征就是大企业的出现成为经济转变的关键。而这样的大企业能够发展起来，背后离不开企业法人人格对其所有者提供能够"锁住"资本的保护，以及有限责任制度的风险规避对投资者的保护。由于有限责任制度的风险规避以及投资鼓励的优势，股份有限公司往往被学者们认定为现代经济中最为优越的组织形式。目前，已有文献对有限责任制的看法存在着很大争议。Hansmann（1991）认为，有限责任诱使投资者过度投资于高风险的项目，股东会获得高风险公司行为人的所有利益，但却不承担相应的成本，故这一制度是对债权人权力的剥夺；Blumberg（2002）从交易安全的角度出发，论证了有限责任对降低股东投资风险的意义；Clark（1986）则从有限责任与有限权利相一致的角度论证了这一制度的正义性；Landers（1976）从信息经济学角度探讨了有限责任产生外部性问题的可能性，他认为，由于投资者、债权人、管理者和公司之间存在信息不对称，债务人提供的利息率会小于债权人承担的风险，而财产作为责任能力的基础，有限责任提供的可置信度明显较低；Poser（1997）则认为，有限责任制给债权人带来的风险可以通过市场机制的其他设置来予以弥补，有限责任只是风险转移的一种手段。

从公司制度发展的历史看，有限责任制的产生和公司制度的发展演变密切相关，有限责任制度使投资人只需对出资额负有限责任，对投资者的个人财产提供了法律保护的依据。英国通过《1855年有限责任法案》最终确立了有限责任的法律地位，公司股东对公司债务承担有限责任的制度才最终设定。不过，虽然最终议会认可了有限责任作为一项一般性的权利，但半个世纪之后，公司制才取代合伙制，成为企业家们首选的组织形式。美国在独立之前设立公司需要经议会和国王的特许，在独立之后该项权利由联邦各州获得，从而使得股份公司的设立变得更容易。但在一开始，对于投资者权利并非所有的州都予以有限责任的保护。有限责任对投资的鼓励和促进作用开始逐渐受到立法者的重视。在 19 世纪 30 年代之后，美国各州先后通过立法，确立了股东对公司债务承担有限责任的条款。

而在大陆法系的国家中，法国率先以商法典的形式确认有限责任制度，按 1808 年 1 月 1 日生效的《法国商法典》（《拿破仑商法典》），企业形态可分为：无限合伙、有限合伙，以及以特许有限合股公司为范本的股份有限公司。但《拿破仑商法典》颁布后的 50 年，新成立的股份有限公司仅有六百多家。至 1867 年，半个多世纪内仅有 642 家股份有限公司获得批准。但 1867 年之后，由于自由注册法令的出台，股份有限公司得以蓬勃发展，在之后的 8 年中，仅巴黎地区便有 798 家公司获准成为股份有限公司①。《拿破仑商法典》颁布之后，由于拿破仑在整个欧洲大面积的征服活动，有限责任的法典制度传遍整个欧洲，无论是德国、意大利、普鲁士、瑞士，还是其他欧洲各国，都将这一代表时代进步的有限责任制度吸纳进自己的法典或法律条文之中，从而使有限责任制度得以在整个大陆法体系内形成。可以看出，法律条文的演进，是朝着有利于投资者权利保护的方向进行的。

鸦片战争之后近代公司制度植入中国，为近代企业家提供了可供选择的一种组织形式。而《公司律》对国内投资者权利的实在好处，在《公司注册试办章程》的第五条中有一个清晰说法："凡各省各埠之公司、厂、行号、铺店等，一经遵照此次奏定章程赴部注册，给照后，无论华、洋商，一律保护。未经注册者，虽自称有限字样，不得沾《公司律》第九条、第二十九条之利益。"② 此处提到的第九条、第二十九条是指："合资有限公司（股份有限公司）如有亏损、倒闭、欠账等情形，查无隐匿银两、讹骗诸弊，只可将其合资银两之尽数（股份银两缴足），并该公司产业变售还偿，不得另向合资人（股东）追补。"③ 因此，此处提到的利益，也就是晚清第一次公司立法中有关有限责任的制度保护。

因此，公司制度朝着对投资者保护的方向迈进时，立法层面的变化与之密不可分。在晚清的法律传统中，商业债务和个人债务之间并没有明显的区别，

---

① 虞政平. 论股东有限责任［D］. 上海：同济大学，2001.

② 《大清法规大全》第 6 册，第 3016 页。

③ 《公司律》第九条和第二十九条文字都相同，只需将括号内的部分替换即可。原条文见《大清法规大全》第 6 册，第 3022、3024 页。

加之晚清时期政府对民间经济活动采取的多是自由放任的态度，民间契约中是否包含了对投资者进行保护的条款，是一个至今还没有得到详细研究的问题。尽管也设定了法律，但许多纠纷可能在行会、商会内部就得到了解决，从而以法律来实现对投资者权利进行保护的资料并不太多。不过，根据曾小萍对20世纪80年代的四川巴县档案的梳理，在她所整理的一百多件诉讼案件中，还没有一个案例展示了商号所有者对其债务不负任何责任的证据①。

3.3　近代投资者保护和金融发展水平分析

金融发展和经济增长之间存在联系，是学者们早已达成一致的观点。而金融发展又与一国的投资者保护水平密切相关。但究竟是什么因素决定了一个国家的投资者保护水平？通过前一节对两项与资本市场发展密切相关的法律（公司法和破产法）以及有限责任制的回溯，我们可以看到，公司法对股东的保护在民国时期逐渐走向健全，但并不是法律渊源决定了这种保护程度，而是不同统治集团的利益交替使得相应的法律制度发生变化而造成的。给定投资者保护程度和证券市场发展水平的正相关关系，我们期待能在证券市场发展出现高潮的时候观察到良好的投资者保护水平。本节的目的就是讨论金融市场发展的历史变化，研究重点在于股票市场和债券市场的发展变化。为了对证券市场的规模有直观的认识，本章首先对不同年份的证券市场市值进行估算。

金融市场指各种金融资产交易的场所。金融资产也即金融工具，现代经济学将其分为债券、股票和货币三大类。债券包括各类借据，如公司债券、政府债券、本票、抵押借据，以及期票、汇票等。广义上的金融市场可以分为货币市场和资本市场两大部分。狭义的货币市场仅指短期信贷市场，包括所有短期债券交易和其他短期借贷活动，如政府的短期债券、商业银行的各类短期可转让存单、各类非金融机构发行的商业票据等。资本市场则是指一年以上长期信贷市场和股票市场，对经济增长起着重要的影响作用。近代中国的金融市场包

---

①　曾小萍. 自贡盐场的合伙经营制度［M］//曾小萍，欧中坦，加德拉. 早期近代中国的契约与产权. 杭州：浙江大学出版社，2011.

括货币市场和资本市场两大部分。通常人们将其概括为同业拆借、证券买卖、外汇交易、黄金与白银买卖、票据贴现、申汇买卖、货币买卖七个方面①。市场的运行主要通过各类证券交易来实现，这也是直接影响货币市场、资本市场、产品市场的重要因素，也反映了金融市场的发展水平。

近代意义上的金融市场形成是从股票和企业债券交易开始的。鸦片战争之后，外国银行和企业进入中国，大部分都采取公司作为运作方式。公司制传入中国后，随着洋务运动的开展和新式企业的创办，19世纪70年代开始，上海的各种公司债票交易活动已经非常活跃，一些专门的交易组织也开始设立，如上海平准股票公司等。到了清末民初，股票交易日趋繁盛，政府公债也开始进入市场，证券交易开始转到商业公会或者会所中进行，并日益专业化。其中以1914年成立的上海股票商业公会最为著名，其买卖的证券包括公债票、铁路证券、公司股票等多种类别。到1917年，股票同业就有60家左右，许多兼营证券的小钱庄也夹杂其间②。在中国，股票和公司债券的发行买卖开始于19世纪70年代；到80年代的时候，在上海股票市场发行和买卖的主要股票有上海航运、汇丰银行、轮船招商局等36只。根据张忠民的初步估计，1949年之前，上海股票交易市场上所有中国民族企业发行和交易的股票量起码在三亿元以上。

在中国，公司股票的发行和交易则要早于政府公债。20世纪20年代以前，近代中国所发行的公司股票无论在数量上还是在规模上都不是很大，并且政府发行公债要晚于公司的股票交易，资本市场上交易的主体仍然是股票和企业债。由于1921年市场上发生"信交风潮"，股票和债券交易大受影响。政府发行的公债由于有政府信誉做担保，开始成为资本市场买卖和交易的主体。据统计，到20世纪二三十年代，市场上买卖的证券中百分之九十以上都是政府公债。如此巨额的公债交易量，对资本市场的总体运行起到了决定作用，可以说近代金融市场的发展在很长一段时间里都受政府公债交易的影响。而股票和企业债券的交易尚处于起步阶段。这种金融市场上的交易品种先是政府债券后是

---

① 中国人民银行总行金融研究所金融历史研究室编. 近代中国的金融市场［M］. 北京：中国金融出版社，1989：6-11.

② 中国人民银行总行金融研究所金融历史研究室编. 近代中国的金融市场［M］. 北京：中国金融出版社，1989：19-23.

企业股票和企业债大规模发展的成长轨迹，与美国金融市场发展史所表现出来的也是一致的。

3.3.1 近代中国的股票市场发展水平估计

对近代中国股票市场的研究，主要有：匡家在（1994）[①] 对证券市场的发展过程及基本特点的总结性介绍。田永秀（2000）[②] 对 1862-1883 年股票市场的基本情况进行了介绍，列出了这一时期在上海注册发行股票的主要公司。彭厚文（1997）[③] 在此二人的基础上对一些问题进行了增补与考证。郑仁木（1998）[④] 对民国时期的证券业进行了较为全面的考察，认为证券业的兴起与发展在一定程度上推动了中国近代经济发展。白丽健（2000）[⑤] 将 1937—1949 年上海证券市场的发展划分为三个阶段：1937—1940 年外商独占上海证券市场阶段，1941—1942 年华商股票公司为证券市场交易组织主体阶段，1943—1949 年华商证券交易所为证券市场交易组织主体阶段；同时分析了不同阶段证券市场发展的规律和特点，得出证券市场对促进民族经济发展的作用仍是有限的结论，指出了在市场不完善、投机盛行的情况下，政府对证券市场的干预是必要的。朱荫贵（1998）[⑥] 分析了近代上海证券市场上股票买卖的三次高潮，这几位学者对股票市场的发展提供了全景式的概述，其中朱荫贵的论文以民国时期报刊对股票买卖的记载，以及市场上买卖股票的公司数目和价格来估计几次买卖高潮。由于缺乏时间序列资料，对股票市场的总体规模缺乏估计。

一般而言，衡量金融市场发展水平的两个常用指标是一国资产证券化程度和本国人口中每百人注册的公司数目。由于近代中国经济统计资料奇缺，唯一有完整统计资料的年度只有 1933 年，故我们很难就这两个指标对近代金融市场的发展水平进行衡量。但可喜的是，《北华捷报》几乎列出了 1871—1936 年所有股价资料数据，根据这一资料，笔者将这一时段的上海股票市场的总市值和股价指数作为衡量指标。这样做的原因是，上海股票市场一直是近代中国最

① 匡家在. 旧中国证券市场 [J]. 中国经济史研究，1994（4）：29-42.
② 田永秀. 试论中国近代的三次股市危机 [J]. 西南民族大学学报，2000（10）：136-155.
③ 彭厚文. 旧中国证券市场若干问题的订正与商榷 [J]. 中国经济史研究，1997（3）：151-156.
④ 郑仁木. 民国时期证券业的历史考察 [J]. 史学月刊，1998（3）：99-105.
⑤ 白丽健. 近代中国公司债发行的效果分析 [J]. 南开经济研究，2000（1）：75-79.
⑥ 朱荫贵. 近代上海证券市场上股票买卖的三次高潮 [J]. 中国经济史研究，1998（3）：60-72.

主要的资本市场，其发展变化无疑反映了投资者参与证券交易的行为变化。此处以股票种类、总市值、以市值加权的股价指数三个指标来刻画近代上海股票市场的发育程度。

1870 年开始，市场上进行交易的股票种类有银行、航运、船坞、百货、保险等，1895 年以后开始出现糖业、工厂、土地、煤矿等类的股票，1909 年开始出现棉纺、种植等行业的股票。上市公司总数目近似于股票种类，股票种类的变动趋势如图 3.1 所示。可以看到，在 1910 年和 1930 年，股票市场出现了两个股票种类的高峰；在 1910 年，有 119 种股票在市场上交易；1930 年，股票种类增加到 139 种。

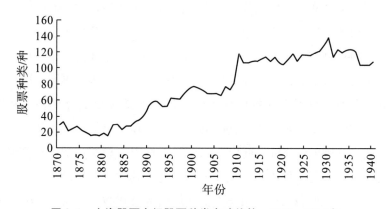

图 3.1　上海股票市场股票种类变动趋势：1870—1940 年

资料来源：股票数据原始资料见 1870—1940 年《北华捷报》，具体按每年 12 月最后一天登报的股价资料整理。

以总市值作为衡量股票市场总体规模的指标，根据《北华捷报》1870—1940 年列出的上海证券交易所的数据进行计算。《北华捷报》列出了每家公司一年中股票买卖的最高价和最低价，此处取二者的平均数作为公司股票的价格，并乘以公司发行的总股本，从而得出该公司当年的股票市值（market capitalization），加总当年市场上列出的公司市值得出总市值，以此作为股票市场规模的近似。《北华捷报》所列出来的公司，一般会在所列表格中存续十几年，但遗憾的是，很多公司所取年份的股价数据缺乏，根据这一方法所得的计算结果是对股市规模的一个大概估计。但相对于非常缺乏的历史资料来说，这已经是一个相对较好的替代性方法。计算结果如表 3.1 所示。

表 3.1　上海股票市场公司总市值估算（1871—1940 年）　　单位：美元

年份	总市值（mktcap）	年份	总市值（mktcap）
1871	23 922 106. 28	1906	120 168 487. 2
1872	14 978 791. 87	1907	169 410 947. 9
1873	17 580 333. 5	1908	176 629 708. 8
1874	28 924 129. 79	1909	221 122 242. 4
1875	20 958 341. 41	1910	221 333 476. 9
1876	14 303 930. 5	1911	220 833 709. 6
1877	15 426 931. 32	1912	255 408 546
1878	13 627 463. 78	1913	236 362 644. 6
1879	16 113 884. 47	1914	100 017 236
1880	17 001 261. 76	1915	302 809 785. 4
1881	21 210 161. 86	1916	384 486 028. 6
1882	27 204 998. 53	1917	430 123 209. 7
1883	34 244 241. 65	1918	491 585 570. 7
1884	23 699 749. 61	1919	683 009 446. 4
1885	35 147 078. 95	1920	422 402 279. 7
1886	34 206 069. 16	1921	790 779 858. 5
1887	37 339 093. 2	1922	1 079 371 648
1888	35 070 910. 89	1923	784 194 895. 9
1889	41 999 643. 11	1924	1 634 762 397
1890	40 627 198. 5	1925	1 707 305 728
1891	55 697 413. 86	1926	1 119 324 204
1892	38 747 841. 62	1927	495 722 847. 5
1893	26 196 158. 12	1928	1 332 659 034
1894	28 387 017. 65	1929	1 186 584 840
1895	42 007 626. 56	1930	936 900 395
1896	47 540 293. 05	1931	293 141 914. 2
1897	46 936 809. 21	1932	263 003 286. 6
1898	51 126 686. 83	1933	695 722 308. 5

3　近代投资者的法律保护与金融发展

表3.1(续)

年份	总市值（mktcap)	年份	总市值（mktcap)
1899	62 840 625.25	1934	824 480 811.2
1900	68 222 928.01	1935	681 074 441.1
1901	127 477 653.5	1936	455 919 540.4
1902	93 851 468.68	1937	395 994 723.6
1903	76 603 901.8	1938	300 231 956.9
1904	91 388 095.36	1939	241 054 389.3
1905	109 064 668.9	1940	235 881 892.6

资料来源：耶鲁大学 Wenzong Fan 整理的国际金融市场发展数据库资料。具体见：http：//icf. som. yale. edu/sse/。

具体来说，从公司的总市值来看，可以看到公司总市值在 1914—1924 年出现了上升，分别是从 1914 年的 100 017 236 美元上升到 1919 年的 683 009 446.4 美元，年平均增长率为 117%；由 1920 年的 422 402 279.7 美元增长到 1922 年的 1 079 371 648 美元；由 1923 年的 1 707 305 728 美元增长到 1925 年的 1 707 305 728 美元。1925—1931 年则处于下降期。结合近代中国经济发展的几个周期来看①，1915—1931 年的上升周期中，1915—1924 年的股市规模与经济上升周期保持了一致变动；但 1925—1931 年却出现了反向变动。根据表 3.1 列出的数据，绘制出 1871—1940 年上海证券交易所公司总市值变动趋势如图 3.2 所示。

目前，学界对总市值和公司市值的意义存在着不同的看法，主要的观点分为两类：一是认为市值并不是公司真实价值的反映，因为股价中也有人为炒作的因素；二是将市场建立在完全市场假设条件下，即在一个信息充分披露的市场中，市值指标会反映公司的真实价值。但市值是否真正反映了公司价值，则已经不属于本书的讨论范畴。本节的目的是对近代股票市场市值规模及变动趋势进行估算，对于市值背后反映的市场制度变化，我们将在下一章进行讨论。

---

① 王玉茹. 中国近代的经济增长和中长周期波动 [J]. 经济学（季刊），2005（1）：461-490.

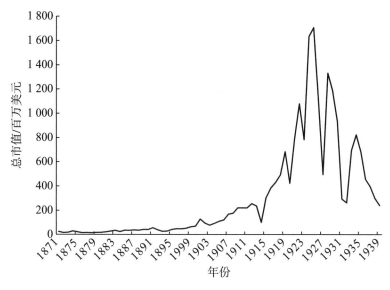

图 3.2　上海股票市场公司总市值变动趋势

最后，我们以 1871—1940 年的股票价格指数来观察上海股票市场的总体发展情况。从计算结果来看，以市值加权的股价指数有几次较为明显的波动，体现为股票市场 1916—1921 年的景气时期，1927—1931 年的低迷期，以及 1931—1935 年的另一个景气时期。比起已有研究对近代上海股票市场发展三次高潮的归纳（朱荫贵，1998），以市值加权的股价指数表现出了更明显的波动。以市值加权计算出的股价指数见表 3.2，股价指数变动趋势见图 3.3。

表 3.2　上海股票市场股价指数（1871—1940 年）

年份	股价指数	年份	股价指数	年份	股价指数	年份	股价指数
1871	100	1889	72.636 84	1907	97.343 55	1925	144.9426
1872	88.228 72	1 890	73.060 67	1908	99.686 23	1926	139.629 5
1873	76.571 78	1891	65.754 2	1909	96.151 35	1927	144.212
1874	70.014 88	1892	59.430 81	1910	94.438 9	1928	146.365 3
1875	67.153 18	1893	47.981 01	1911	104.092	1929	138.115 1
1876	73.680 88	1894	46.867 63	1912	101.608 7	1930	114.413
1877	80.812 11	1895	51.858 85	1913	91.031 49	1931	98.443 85
1878	87.445 08	1896	57.046 64	1914	77.019 35	1932	116.673 4

表3.2(续)

年份	股价指数	年份	股价指数	年份	股价指数	年份	股价指数
1879	88. 142 52	1897	55. 220 37	1915	88. 711 45	1933	136. 364 4
1880	89. 324 87	1898	53. 577 2	1916	108. 331 3	1934	154. 342 3
1881	92. 710 56	1899	53. 568 71	1917	123. 263 4	1935	145. 351 5
1882	95. 998 15	1900	58. 938 9	1918	145. 273 7	1936	136. 753 3
1883	93. 050 44	1901	62. 421 89	1919	142. 904 9	1937	122. 447 6
1884	89. 575 06	1902	62. 527 28	1920	138. 130 7	1938	99. 333 41
1885	85. 802 85	1903	63. 966 58	1921	115. 644 8	1939	80. 908 14
1886	81. 824 15	1904	70. 679 82	1922	117. 719 9	1940	70. 788 5
1887	77. 767 89	1905	83. 437 23	1923	129. 765 2		
1888	76. 538 72	1906	93. 820 58	1924	139. 912 4		

资料来源：根据耶鲁大学金融史项目组上海证券交易市场数据库原始资料估算得出。数据整理见 Wenzong Fan，Yale University economics department. Data set of international financial market development. (http：//icf. som. yale. edu/sse/)。

注：以同期美元价格计算。

图 3.3　上海股票市场股价指数变动趋势（1871—1936 年）

资料来源：根据表 3.2 数据绘制。

3.3.2　近代中国的债券市场发展水平估计

对于近代中国的债券市场，最鲜明的特点是政府公债交易的发达与公司债券买卖的相对不发达。晚清时期政府为偿付巨额战争赔款，试图在国外发行债券，同时在国内也发行了公债。到了民国时期，政府财政对公债的依赖逐渐加强。在北洋政府时期，财政收入中外债和内债的比例是6∶4；但到1927—1936年，这一比例变为1∶7[①]。由于市场上大规模的公债发行，政府信用和相关制度建设显得尤为重要，政府债务失信会引起证券市场的交易停滞，更严重时将会引发金融风潮或是金融恐慌。由于公债相关统计资料较为齐全，学界在这方面的研究相对较多。

张春廷论述了债券市场形成、发展、衰亡的全过程。刘志英对近代中国的证券市场发展进行了系统研究，梳理了我国证券市场产生、发展、衰亡这一制度变迁的历史。同时，学界对近代中国证券市场和产业发展之间的关系也做了描述。白丽健对公司债发行情况进行了系统研究，对债券发行的特征、效果、价格变化等进行了分析，主要观点为债券作为新式金融工具，其运用是近代中国企业融资方式的进步。而政府的债信程度、债券收益、债券的担保基金及其保管等则是影响债券价格的主要因素。

本节的主要目的是对近代债券市场规模的发展变化有一个近似估计。公债量的统计相对较易，1927年南京国民政府建立之后，为了解决当时财政困难的问题，发行了数量巨大的政府公债。1927—1937年，除1932年因整理内债未发行公债外，其余每年都有公债发行，其间共发行约25亿元内债。1932年整理前的五年发行了10亿多元内债，整理后发行了约15亿元内债。但其余各类债券的数据却无系统的统计资料。无论是北洋政府还是南京国民政府，所发行的政府公债几乎都靠银行、钱庄为其经销、承募。鉴于此，我们采取的一个替代性办法是通过估算银行业有价证券的投资量来近似模拟这一趋势。

可以观察到，民国时期新式银行的数目是不断增加的，1912—1933年总计新设了195家银行，而其中在1918—1923年设立的银行共有90家，1928—1933年设立的银行亦有60家，二者合计共占总数的77%[②]。我们选取1921—1934年全国28家银行对有价证券的投资量来反映证券市场规模的变化。这28家银行为中央银行、中国银行、交通银行、中国通商银行、浙江兴业银行、四明商业储蓄银行、浙江实业银行、广东银行、江苏银行、中华银行、聚兴诚银

① 徐义生. 中国近代外债史统计资料 [M]. 北京：中华书局，1962：8.
② 刘志英. 近代上海华商证券市场研究 [M]. 上海：学林出版社，2004：76.

行、新华信托储蓄银行、上海商业储蓄银行、盐业银行、中孚银行、金诚银行、华侨银行、中国农工银行、大陆银行、东莱银行、永亨银行、中国实业银行、东亚银行、中兴银行、中南银行、国华银行、垦业银行及四行储蓄会，银行有价证券投资的数据取自《全国银行年鉴》中银行资产负债表的统计数据。

15 家代表性银行对有价证券的投资量如表 3.3 和图 3.4 所示。

表 3.3　15 家代表性银行对有价证券的投资量（1918—1932 年）　　单元：元

年份	有价证券投资量	年份	有价证券投资量
1918	28 941 308	1926	65 431 834
1919	29 456 966	1927	76 621 900
1920	42 574 532	1928	81 373 408
1921	49 807 458	1929	85 189 500
1922	57 370 983	1930	135 175 405
1923	42 564 101	1931	143 533 899
1924	47 198 592	1932	161 941 528
1925	46 617 570		

资料来源：根据 1936 年《全国银行年鉴》K1–K308 页数据整理。

注：15 家银行为：东莱银行、广东银行、江苏银行、交通银行、金城银行、聚兴诚银行、上海商业储蓄银行、四明商业储蓄银行、新华信托储蓄银行、盐业银行、浙江兴业银行、中孚银行、中国农工银行、中国通商银行、中国银行。

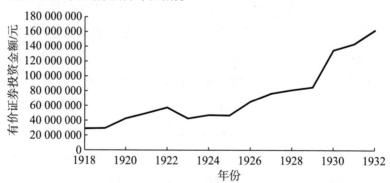

图 3.4　15 家代表性银行对有价证券的投资量（1918—1932 年）

资料来源：根据表 3.3 数据绘制。

这个方法以全国重要的 15 家银行为样本，对其有价证券的投资数量进行加总，将年度数据汇总制成时间序列表格。这一方法的缺点是会低估各时期的债券数，但本节的主要目的是对债券市场发展的时间趋势进行了解，故笔者认为这一估计数字基本能反映这一发展趋势。

债券市场的繁荣与政府发行公债是紧密相连的。为了交易和发行政府债券，不仅新式银行大批出现，几家证券交易所也是在这一形势下设立的，这些机构的设立也体现了当时债券交易的繁荣。20 世纪初，如最先成立的北京证券交易所，其业务主要集中在买卖交通银行和中国银行所发行的钞票。到了 20 世纪 20 年代初，上海也成立了两个经营证券的交易所，如上海证券物品交易所和华商证券交易所。这个时期交易所交易的对象，主要也是北洋政府发行的公债。1927 年之后，国民政府迁都南京，使得金融中心逐渐南移。到 1928 年，据统计在北京证券交易所上市的公债仅有北洋政府发行的"五年六厘公债""整理六厘公债""整理七厘公债""九六公债"以及"七年长期公债"五种①。由此看出，近代债券市场上进行交易的债券，以政府公债为多，公司债券很少。

---

① 刘志英. 近代上海华商证券市场研究［M］. 上海：学林出版社，2004：155.

4

公司法与股东权利保护

4.1 引言

本章从历史的视角检视近代股份公司中的股东权利问题。第 2 章对投资者保护的主要文献进行了梳理，其中最有影响的法金融文献认为，一个国家的法律对投资者的保护通过影响公司的所有权结构和融资渠道，进而影响该国证券市场的发展。那么，一个可能的推论就是，当一个国家的证券市场出现高潮时，应该观察到法律对投资者有较高的保护水平。但事实如何可能跟着定义走？为此，本章的任务是厘清股份公司在中国出现后，到 1949 年之前，相应的公司立法对投资者的保护程度。本章将关注的重点问题是：近代中国的资本市场的不发展，背后是否意味着薄弱的投资者法律保护？随着时间的推移，投资者保护程度是否产生变化？究竟是什么因素决定了历史上投资者保护的程度？

本章收集的证据带来两点启示。第一，我们发现股东权利在 1904 年之后发生了几次变化。这些变化受不同统治集团利益的影响。因此，与 LLSV 理论启示不同，本书的发现支持了投资者保护受政治因素的影响而不是一个国家法系渊源的影响的观点。第二，第一部公司法颁布以来，纸面上对投资者的保护并不比今天的立法差。

本章的核心论点是，LLSV 等人（1997，1998）研究的投资者法律保护问题，随着政治统治集团的变化而不断变化。根据不同时期的公司法立法，我们能看到这些立法上的改变都是为了满足政府对经济控制的需要。政治经济学式的模型，也解释了部分国家在投资者保护和劳工权利之间的权衡。在社会民主国家，公司治理常常得服从于劳工利益第一的要求。这一情况在德国非常明显。部分学者使用统计方法对 OECD 国家进行研究，发现在控制了其他变量的情况下，这些国家在投资者保护和劳工保护上显示了明显的负相关关系。

本章的研究显示，近代中国自晚清以来激烈的政治变化，展示了与投资者保护理论预期十分不同的投资者保护结果。清末的企业形式（官督商办、官商合办），对投资者权利保护十分微弱，虽然清政府设立了首部《公司律》，但其对股东的权利保护却收效甚微。到北洋政府时期，《公司法》的颁行，从纸面上对投资者权利的保护有所改善，到南京政府时期这些措施得到了进一步完善。

4.2　研究资料和方法说明

为了研究近代股东权利的法律保护机制，首先需要整理清末以来关于股份公司的立法原始资料。由于股东权利一般通过选举董事和就公司重大问题进行表决来实现，我们重点关注法律条文中选举权和表决权的规定。20 世纪的前五十年中，一共出现过四部公司立法对公司设立和经营进行规范。这些法律条文分别收编在晚清和民国的各种法律丛书（如《六法全书》等）中，获取较为容易。然后，笔者根据 LLSV（1998）论文中的方法，建立起股东权利保护指数，这一指数在不同国家之间能够进行比较。但遗憾的是，很难就股东权利保护找到历史数据进行横向比较。为此，笔者将比较限制在中国和同时期的英国，这样做的原因是，中国作为一个法律移植国家，其模仿的对象主要是大陆法系的德国和日本，而英国作为英美法系的代表性国家，根据法金融理论的推论，英美法系的国家在投资者保护上强于大陆法系的国家。英国股东权利保护的资料主要来源于 Franks 和 Mayer 等人的分析，以及英格兰 1908 年的公司法案原始资料。

与股东权利最为相关的两项指标是投票权和表决权，因此，衡量股权关注的就是这两项指标。由于需要从法律条文着手考察，此处采取 LLSV（1997,

1998）对投资者保护的赋分法进行研究。赋分法的指标体现了一个国家法律对小股东权利保护的强度，这种保护主要是针对经理人员及大股东在公司决议过程甚至投票过程中牺牲小股东利益的可能倾向。而根据 LLSV 的研究，这一保护程度对资本市场的发展有重要影响。股东权利主要通过七项权利进行衡量：

（1）同股同权法则。即每一股都有一票表决权，这样，一个股东如果希望获得更大的控制权就必须收购相应比例的股票，从而减少个别股东通过少量资金就可以取得公司实际控制权的可能性。在现实中，我们观察到的国家很少有同股同权的规定，一般来说公司都对股权递增做了限制。

（2）邮寄表决权。即股东并不需要出席股东大会，可以委托代理人来进行投票，或者通过邮寄投票来行使表决权。允许股东通过邮寄的方式在股东大会上投票而无须亲自参与股东大会，方便了股东行使其权利。但现实中有些国家法律规定股东必须亲自出席股东大会，或者委托别人行使表决权利。

（3）股东大会前，股票是否需交存于公司或其他指定的金融中介机构。（一些公司要求股东交存股票以防股东在股东会召开后立刻卖出股票）

（4）累积投票权。一些国家的法律规定，在选举董事会成员时，小股东的投票权可以累积，当占到投票权的一定比例时，就能使代表其利益的人选进入董事会。

（5）股东应拥有对董事、董事会决议提起诉讼的权利，以及在不同意经理层或董事会决议之时要求公司购回其股票的权利。这项权利确保小股东获得挑战公司重大决定的渠道。

（6）股东有优先认股权，以防止因公司扩充资本而股权被稀释。

（7）近年来的研究都认为，小股东应该有权召集临时股东会。但召集临时股东会所需的股份比例是多少呢？LLSV（1997，1998）取了四个不同法系六十多个国家召集临时股东会的股份比例的平均数，即只要股东持有的股份比例小于等于10%，就足够召开临时股东会。

LLSV（1998）的赋值体系是，当一个国家的法律条文提供了 1~6 项权利时，赋分为 1；反之，则赋分为 0。对于第 7 项权利，如果法条规定临时股东会召集的股份比例小于等于10%则赋值为1；反之，则为 0。通过加总第 2~7 项权利（对于一股一票权，LLSV 将其单独列出研究），LLSV 创建了一个股东权利指数（数值介于0~6）。其 1997 年的研究发现股东权利指数越高的国家，其金融发展程度越高（证券市场份额占 GDP 的比例更大）。

当然，对股东的保护，并不仅是以上列出的七项权利，本书附录 A 还列出了其他一些股东保护机制。

4.3　历史实证

4.3.1　晚清以来法条对股东权利的保护

笔者采用了 La Porta 等人投资者保护的研究方法，列出了公司制度移植到中国以来，纸面上的法条对投资者的保护程度（见表 4.1 最末一行股东权利保护指数）。

根据这种衡量方法，我们看到，股东权利保护在半个多世纪的时间里处于变动之中。在本书所研究的时间段中，累积投票权一直没有引入。此项权利规定了小股东的投票权可以累积，例如当不同股东的股份数达到一定比例（一般为 20%），但董事会中没有代表其意见的成员时，这些股东就能另选公司董事。一股一票权在近代四部公司法中都是基本法意，保证了十股以内每股一票。但对于十股以上的股权，1904 年的法律并未强制要求公司章程对其进行限制；到1914 年，这方面的规定就明确体现在法条当中了。这一时期注册的公司也基本遵行了这一规定，例如《交通银行奏定章程》（共 74 条）第 69 条规定了对大股东权利的限制："股东投票分配之数，凡股东之第一股得占一票，第二股以上，每二股占一票。每一股东无论占股若干，至多许投十票。如股东未能到会，得派人为代投票人，但本行领受薪俸之职员不得派充此项投票人，其他职员代投票每人不得至十票以上，寻常人代投票不得至五十票以上，此代投票人须先有股东之函知照总管理处，函末并须有保证人签字。"[1] 又如成立于 1915年的上海商业储蓄银行的章程第九条规定："本行股票每股一权，但十一股以上每五股一权。"[2]

---

[1]　交通银行史料第一卷（1907—1949）：上册［M］. 北京：中国金融出版社，1995：181.

[2]　中国人民银行上海市分行金融研究所. 上海商业储蓄银行史料［M］. 上海：上海人民出版社，1990：36-44.

表 4.1　晚清以来公司法对股东权利的保护（1890—1995 年）

股东权利	中国的公司法					英国的公司立法		
	1904	1914	1929	1946	1994	1908	1948	1995
一股一票权	1	1	1	1	1	1	1	0
邮寄投票权	0	0	0	0	1	1	0	1
无阻碍股票出售权	1	1	1	1	1	0	1	
累积投票权	0	0	0	0	0	1	0	0
股东疑义权或上诉权	0	1	1	1	1	0	1	1
优先认股权	0	0	1	1	1	0	1	1
召集临时股东会股份比例小于等于10%	0	0	1	1	1	0	1	1
股东权利保护指数（抗董事会指数）	2	3	5	5	7	2	4	4

资料来源：《公司律》条文，见伍廷芳《大清新编法典·商律》第 9、11 页，载《史料丛刊》三编，第 27 辑，270 号。《公司条例》内容见中国第二历史档案馆，沈家五、张謇：《农商总长任期经济资料选编》，南京大学出版社，1987，第 25-56 页。1929 年《公司法》，参见吴经熊：《袖珍六法全书》，社会法学编译出版社，1936，第 223-226 页。1946 年《公司法》，见郭卫，《六法全书》，上海法学编译社，1948，第 149-187 页。英国的数据来源于 Franks 和 Mayer（2004）。

注：1904 指晚清政府于 1904 年 1 月颁行的《公司律》，赋值条款见第 50 条和第 100 条；1914 指北洋政府的《公司条例》；1929 系指国民政府《公司法》；1946 指抗战胜利后国民政府修订的《公司法》。另，1914 年《公司条例》就召集股东会的股份数，在 1923 年 5 月由原有十分之一以上改为二十分之一以上。本书取法令颁行时的规定。

从投资者权利保护系数上看，1904 年的《公司律》对投资者权利保护最为薄弱，除去一股一票权，其余六项衡量指标得分为 1；1914 年北洋政府颁行的《公司条例》由于引入了股东对董事会决议疑义权和上诉权（第 140 条），使得投资者权利保护系数从 1904 年的 2 上升为 1914 年的 3。至南京政府时期，商事法规日臻完备，这也体现在 1929 年股东权利保护系数出现骤然上升，有两项股东权利被正式引入法条之中：其一是公司发行新股时，老股东优先认购新股的权利，此项权利保证了原来股东的股权在最小限度上被稀释；其二是召集临时股东会的股份比例明确规定为 1/20。而在 1904 年，只有股份总数占到总股份 1/10 以上的股东才有权召集临时股东大会。这一比例的降低更利于中小股东参与公司决议或重大事项。而这两项权利的引入也使南京政府在纸面上对股东权利的保护系数达到 5。并且，这一保护措施，在 1946 年的《公司法》中也保留了下来。

另外，从表4.1的数据来看，在本书所研究的时间段中，邮寄投票权一直没有实行。股东虽然可以委托代理人进行投票，但必须出具委托书。

从表4.1来看，四部公司法都没有要求股东在参加股东大会之前将股票交存于公司。1914年《公司条例》颁行后，对于无记名股票持有者，才要求其在参加股东大会之前，须将其股票交存于公司，并登记名字从而行使表决权。但由于《公司条例》对发行无记名股票的限制较为严格，故绝大多数公司都声明"股票概用记名式"，因此也只有少数公司设置此类股份，到1929年的《公司法》更是规定了公司发行的无记名股票不得超过总股本的三分之一（第118条）。这样，我们也认为法条确保了股东无阻碍出售股票的权利。对于召集临时股东会的股份限制，1914年的《公司条例》在颁行时规定为所持股份不得小于股份数的十分之一，条件苛刻；到1923年，将其修改为二十分之一以上，但到1929年，这项保护措施的门槛又再次回到了十分之一，表4.1中所列的数据以法律设定时为准。

表4.1同样也显示了同时期英国的股东权利保护状况。有意思的是，20世纪英国的股东权利保护也处在变化之中。并且，20世纪初的时候，英国也缺乏强有力的投资者权利保护法规。正如弗兰克斯等（2003）所论证的，20世纪英国证券市场的发展，并不需要LLSV认为的强有力的投资者保护措施。同时也可以看到，20世纪初，在纸面立法对股东权利保护上，中国与同时期的英国相差不远。1914年，两个国家对股东权利的保护都显得较为薄弱，但资本市场发育程度却相去甚远。

4.3.2 对法金融理论的验证

那么，是否真如LLSV所认为的那样，一个国家股票市场发展水平与法律条文对投资者的保护程度有联系呢？一般而言，衡量金融市场发展水平的两个常用指标是一国资产证券化程度和本国人口中每百人注册的公司数目。由于近代中国经济统计资料奇缺，唯一有相对完整统计资料的年度只有1933年，故我们很难就这两个指标对近代金融市场的发展程度进行衡量。根据可得的资料，我们选择了反映股票市场景气程度的股价指数来衡量。股价指数的计算方法有两种，一种是平均股价指数，另一种则考虑计入的公司市值。图4.1列出了1871—1940年上海股票市场股价指数的估算值，包括了两种方法计算出的股价指数。从指数变动的趋势上看，由于计算方法不同，二者之间有较大的差异。从笔者所使用的资料来看，股价指数计算的原始资料不仅包括了民族企业的股票，还包括了少数外资企业的股票，更多时候外资企业的股票市值所占权重更大。以 1922 年的股票交易为例，汇丰银行（Hongkong & Shanghai Banking Corporation）以美元计算的股价为 423.4 美元，而当年所有公司股价的平均数为 76.51 美元，故汇丰银行在以市值计算的股价指数中所占权重是非常高的。如果这样的公司股价波动较大，以市值为权重计算出的股价指数也将随之出现波动。

　　从计算结果来看，以市值加权的股价指数有几次较为明显的波动，体现为股票市场 1916—1921 年的景气时期，1927—1931 年的低迷期以及 1931—1935 年的另一个景气时期。就股票市场发展来说，朱荫贵指出近代上海股票市场有三次买卖高潮①。第一次为 1880 年左右的上海股票市场上买卖新式工矿企业股票的高潮，以轮船招商局为代表的近代股份制企业开始在市场上募集资金，一时风气大开，如上海机器织布局于 1880 年登报公开招股，以公司前景、利润优厚等为号召，使人们认为股票是利润很高的一项投资。此轮买卖高潮于 1887 年落下帷幕，从图 4.1 中股票价格指数的运行轨迹可以看出。上海股票市场上第二次股票交易高潮源于 1910 年对橡胶股票的投机，买卖对象是国外橡胶公司的股票，而不是中国民族企业的股票。到 1920 年，市场上又出现了一次买卖交易所股票的高潮。但根据第 3 章对股票市场发展的研究，从所收集的股价资料来看，交易所股票仅仅是这一时期众多的股票类别之一，外国公司的种植园类股票，以及工业类股票在市场上仍占多数。与此相比，以市值加权的股价指数体现出了更明显的波动。但价格指数在 1879 年之后一直呈现出下降趋势。股价原始资料见本书附录 B。

---

① 朱荫贵. 近代上海证券市场上股票买卖的三次高潮 [J]. 中国经济史研究，1998（3）：66-72.

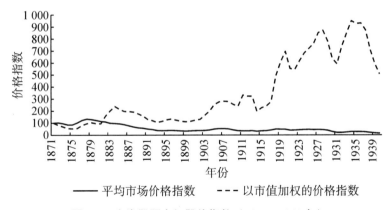

图 4.1　上海股票市场股价指数（1871—1940 年）

资料来源：耶鲁大学国际金融市场发展数据资料库（http：//icf. som. yale. edu/sse/）。

注：图中指数是以同期美元价格为单位计算的。美元对银两汇率比见本书附录中的附表 2。

　　从立法上看，中国 1914 年和英国 1908 年的股东权利保护指数相同。实际上，作为一个受大陆法系影响的国家，中国的公司法包含了更多的保护措施，这一发现与法金融理论认为英美法系国家一直拥有比大陆法系国家更好的投资者保护权利矛盾。

　　再看这一时期立法对投资者保护的情况。根据表 4.1，从投资者权利保护系数上看，1904—1914 年的投资者权利保护系数平均仅为 1.5，比 1929—1940 年平均为 4 的系数低出许多。而根据以市值加权的股价指数指标，1904—1914 年，股票市场正处在景气时期。另外，从平均股价指标来看，在这一时期，市场仍然反映出微弱的上行趋势。纸面上立法的改善与股票市场发展之间，似乎并没有明显的联系。

　　表 4.1 同样也列出了 20 世纪英国的股东权利保护系数。在 20 世纪大部分时间里，英国都不是对股东权利保护最强有力的国家（根据 LLSV 的衡量方法）。1948 年英国的公司法中也出现了一些对股东权利的补偿性措施，但所起作用十分有限。直到 1985 年，公司法才出现重大变化。实际上，英国法律对投资者权利保护的跟进大都出现在 19 世纪 80 年代，原因是欧盟制定了统一的法律标准（Berkowitz et al.，2003）。这些史实都说明，投资者保护程度与法系渊源很难联系到一起。

4.3.3　公司章程对股东权利的保护

根据上一节的分析，1904—1914 年，中国的股东权利保护系数很低（分别是 2 和 3）；到 1929 年这一系数上升为 5，接近一个良好的保护水平。结合近代民族资本主义发展史实，发现了一个有趣的问题：普遍认为中国资本主义在 1914 年前后出现了一个发展的"黄金时期"，主要民族资本主义工业有了一个快速的发展（许涤新 等，1990）。而对此学术界的普遍解释是帝国主义忙于一战从而给中国的经济发展提供了相对宽松的外部环境，但真正起作用的是企业家素质等一系列因素。例如，杜恂诚（1991）认为，技术、管理等因素是促进这一时期企业发展的内部原因；唐力行（2003）将传统权利结构的松懈作为解释变量；中井英基（1987）则将其归结于企业家素质。此处我们提出一个不同的思考视角：如果产权保护对于经济发展十分重要，那么在 1914 年纸面立法对投资者保护还如此薄弱的情况下，是什么因素促成这段时期民族资本的扩张？本书提出，公司章程对股东权利的保护，从一定程度上弥补了纸面立法的不足，从而为民族企业的发展打下基础。

4.3.3.1　对股东表决权的限制

股东会表决及选举以股权计量为准，《公司律》与《公司条例》均规定，股东 10 股以下一股一权，但 10 股以外的股权，公司可在章程中加以限制。这一限制，在不同的公司中规定各不相同。10 股以上股权递进减权方面，有 2 股、5 股、25 股等多种。另外，对于是否规定了股东股权总数的最大限制，各个公司不尽一致。

通过公司章程对大股东权利进行限制，保护中小股东的权利，是近代中国股份制企业的一大特点。对投票表决权在股东之间的分配状况进行限制，对于保护股东权利十分关键。从笔者所收集的公司章程来看，1910 年后的很多公司，都采用表决权来作为分配股东权利的方法。对 10 股以上股权的规定，不再适用一股一权的原则，而是股权递减。表 4.2 列出了不同时期对公司股权限制的概况。笔者收集了矿业、银行业、纺织业、制造业、交通运输等行业共 77 个公司的章程作为样本，对 10 股以上股权增加限制的公司做了整理。

表 4.2 公司章程对股权限制的规定

所处行业	公司名称	创办时间	资料来源
矿业	富国矿业股份有限公司	1913 年 3 月	陈旭麓主编《宋教仁集》下册，中华书局，1981，第 476 页
	安徽和陵煤矿公司	1920 年	《和陵煤矿股份有限公司章程》（1929 年修正）二史馆档案，全宗号 1038，卷宗号 2367
	上海煤业公栈股份有限公司	1926 年 4 月	《中华民国史档案资料汇编》第 3 辑《农商》（二），第 1114，1116 页
	永得安煤铁股份有限公司	1915 年 12 月	《中华民国史档案资料汇编》第 3 辑《工矿业》，第 612-613 页
	汉冶萍煤铁厂矿有限公司	1908 年 3 月	《商务官报》戊申年第 13 期第 12 页
	华德中兴煤矿公司	1905 年 11 月	《商务官报》戊申年第 5 期第 11 页
银行业	中国银行	1913 年 4 月	二史馆编《中华民国金融法规选编》，上册，第 163 页
	聚兴诚银行	1919 年	天津档案馆《聚兴诚银行有限公司章程》，卷宗号 1129，全宗号 562
	殖边银行	1914 年 3 月	同上，第 172-173 页
	交通银行	1914 年 4 月	同上，第 175-176 页
	华富殖业银行	1915 年 7 月	《政府公报》第 1137 号，（1915 年 7 月 8 日）总第 60 册，第 309 页
	崇华殖业银行	1916 年 2 月	《政府公报》第 39 号，（1916 年 2 月 8 日）总第 80 册，第 588 页
	金星银行股份有限公司	1921 年	《金星银行股份有限公司创办章程》，二史馆档案，全宗号 1027，卷宗号 533（1）
	裕国实业银行	1916 年 11 月	《政府公报》第 300 号，（1916 年 11 月 4 日）总第 96 册，第 134 页
	新华储蓄银行	1918 年 1 月修正章程	《政府公报》第 727 号，（1918 年）1 月 30 日，总第 120 册，第 775 页
	中国实业银行	1919 年 1 月	《中华民国金融法规选编》上册，第 256 页
	中国储蓄银行	1919 年	《中国储蓄银行章程》，二史馆档案，全宗号 1027，卷宗号 533（1）
	农商银行	1920 年 7 月	《政府公报》第 1620 号，总第 161 册，第 410 页
	中国农工银行	1921 年 8 月	《大宛农工银行改组中国农工银行》，《银行月刊》第 1 卷第 11 期，1921 年 11 月 5 日，第 9 页
	浙江丝绸商业银行	1921 年	《浙江丝绸商业银行章程》，二史馆档案，全宗号 1027，卷宗号 542（2）
	劝业银行	1921 年修正章程	《政府公报》第 2017 号，总第 180 册，第 151 页

表4.2(续)

所处行业	公司名称	创办时间	资料来源
银行业	中华国民商业储蓄银行	1921年	《中华国民商业储蓄银行章程》，二史馆档案，全宗号1027，卷宗号541（2）
	中华通运商业银行	1922年	《中华通运商业银行股份有限公司章程》，（1922年），二史馆档案，全宗号1027，卷宗号536
	四川银行	1923年	《四川省组织四川银行》，《银行月刊》第3卷第3期，1923年3月25日，第11页
	浙江地方银行	1923年	《浙江地方银行条例草案》，《银行月刊》第3卷第5期，1923年5月25日，第16页
	蒙古实业银行	1923年	《蒙古实业银行章程》，《银行月刊》第3卷第7期，1923年7月25日，第11页
	太仓银行	1924年	《太仓银行股份有限公司章程》（1924年），二史馆档案，全宗号1027，卷宗号542（1）
	鄂西兴业银行	1925年	《鄂西兴业银行章程》，《银行杂志》第2卷第20期，1925年8月月16日，第4页
	浙江典业银行	1918年	《浙江典业银行修正章程》，《银行月刊》第3卷第8号，第14页
	中华懋业银行	1919年	二史馆藏档案，全宗号1027，卷宗号165（1）
	中国惠工银行	1918年	《中华民国金融法规选编》上册，第235页
	生大工商业银行	1920年	《生大工商业银行股份有限公司章程》，二史馆档案，全宗号1207，卷宗号536
	正利商业储蓄银行	1921年	二史馆档案，全宗号1027，卷宗号536
	中美民生银行	1922年	《中美民生银行股份有限公司章程》，二史馆档案，全宗号1207，卷宗号536
	中国棉业银行	1922年	《中国棉业银行章程》，二史馆档案，全宗号1207，卷宗号536
	徐海实业银行	1926年	《银行月刊》第6卷第7期，《银行界消息汇闻》，第4页
	天津丝茶银行	1925年	《银行月刊》第5卷第9期，1925年9月25日，《银行界消息汇闻》，第4页
交通运输	商办浙江铁路公司	1912年7月修改章程	《商办浙江全省铁路有限公司第二次议定章程》，《民立报》1912年7月12日，第12版
	川汉铁路公司	1904年	《近代史资料》1956年第6期
	利通轮船公司	1925年	《利通轮船公司章程》，《农商公报》第11卷第6期，第44页
	中国长江行业股份有限公司	1913年	《天津商会档案汇编（191—1928）》第一册，第739页
	宁绍轮船公司	1913年	《民立报》，1913年7月1日

表4.2(续)

所处行业	公司名称	创办时间	资料来源
纺织业	兴华棉业公司	1919年	《兴华棉业公司章程》,《江苏实业月志》第8期,1919年11月,第28页
	溥利呢革公司	1907年	《呢革公司章程》,《商务官报》丁未年第21期
	北洋纱厂	1937年	《北洋商业第一纺织股份有限公司章程》,天津档案馆藏,卷宗号145,全宗号53
	利用纺织有限公司	1908年	《江苏实业月志》第7期,1908年10月
	庆丰丝厂股份有限公司	1920年	上海档案馆藏 S447-1-2
	石家庄大兴纺织有限公司	1922年	《裕大华纺织资本集团史料》,湖北人民出版社,1984,第80页
	鸿裕纺织公司	1916年8月	《公司章程》,《农商公报》第3卷第2期"政事门公文"第13页
	湖南正兴织造公司	1917年9月	《农商公报》第4卷第3期"政事门公文"第18页
	江苏阜昌染织公司	1926年1月	《农商公报》第12卷第7期,第4页
	江苏物华丝织公司	1922年2月	《农商公报》第8卷第8期"政事门公文"第11页
	中华第一织染有限公司	1912年	《中华第一织染有限公司招股章程》,1912年12月16日《民立报》第12版
	苏州电器厂股份有限公司	1924年	苏州市档案馆藏档案,全宗号I34,卷宗号4
公用事业	京华华商电灯有限公司	1918年	《政府公告》第1188号,总第143册,第632页
	上海浦东电气公司	1919年	童世亨《企业回忆录》中册第8页,《明国丛书》第3编第74号
	重庆烛川电灯有限公司	1926年	二史馆藏档案,全宗号1038,卷宗号2126
	上海内地电车有限公司	1912年	《申报》1912年4月14日
	北京华商电车有限公司	1913年	《申报》1913年2月9日
	吉林宝华电灯公司	1907年	《吉林宝华电灯公司暂定章程》,《盛京时报》光绪三十三年二月初八日
	湖南电灯公司	1909年	汪敬虞《中国近代工业史资料》第二辑下册,第741页
	京师自来水公司	1908年	《盛京时报》光绪三十四年五月二十日,第3版

需要指出的是，表 4.2 收集的数据以 1912—1927 年注册成立的公司为多，故对于 1912 年之前，及 1927 年之后公司章程对股权的规定还欠缺一个具有说服力的说明。但根据公司立法的基本法意，近代四部公司法都保证了 10 股之内每股一权的精神。公司章程对公司表决权的规定，我们采集的数据主要来自各地商会公司注册时呈报的章程，具体限制整理为表 4.3。由于公司法对每股一权均有规定，此处整理出的主要是不同公司对 10 股以上的表决权比例的限定。

表 4.3　近代公司章程对股东表决权之规定

相关规定	矿业	银行业	纺织业	制造业	交通运输	公用事业	总数
	N=6	N=31	N=12	N=15	N=5	N=8	（样本公司个数）= 77
10 权以上增加 1 权所要求的股份数							
公司占样本总数的百分比							
每 5 股 1 权	2	11	5	5	1	4	28/81
每 10 股 1 权	2	18	6	6	3	2	37/81
>10 股 1 权	1	2	3	4	2	3	13/81
对最大表决权数进行限制的公司百分比（约等于）	4/6 67%	28/31 90%	8/14 57%	12/15 80%	3/6 50%	2/9 22%	57/81 70%

资料来源：根据表 4.2 内容整理。

从表 4.3 的数据可以看出公司章程对大股东股权的限制。规定最大的股东表决权利数，对于限制大股东的权利很关键。从表 4.3 最后一行数据可以看出，我们所选择的样本中，19 世纪 20 年代的公司中，差不多每个行业的样本公司在章程中都对股权总数有规定。平均看来，大约有 70% 的公司对最大票数设了上限，行业涉及矿业、银行业、纺织业、交通运输等。银行业对股权上限的限制较为普遍，在本书所选的样本中，有 90% 的银行对股东最大股权数做了限定。制造业所选择的样本公司中，也有 80% 的公司规定了最大表决权数。10 股以上股权增加的规定则各不相同，有每 5 股增加 1 权的，也有每 10 股增加 1 权的。其中每 5 股增加一权的比例为 34.6%；每 10 股增加 1 权的公司占样本总数的 45.7%；而规定 10 权以上者，每 10 股以上权数有所增加的比例为 16%。由于收集的样本总数有限，我们不可能对这一时期的公司章程对大股东权利限制进行全面说明，但仍不失提供了公司章程对股东权利保护的材料。

通过设定投票权上限来保护小股东权利，其实施可以通过：①限制大股东有可能对股东会施加的压力；②在股东会议的重要决策事宜上，如董事遴选等，激励中小股东们表达意见参与决策。不过正如表 4.3 列出的那样，更多的公司主要通过对股东表决权递增的比例进行限制来实行对小股东的保护。

以北洋纱厂为例，根据其公司章程记载，1935 年时，其股份总数和股权分配也体现了对大股东股权的限制，持有北洋纱厂的一些商号，股权总数也是递减的，具体如表 4.4 和图 4.2 所示。

表 4.4 北洋纱厂 1935 年股东持股数和股权情况

股东	持股数	股权数	股东	持股数	股权数
金总记	16 800	8 405	金城天津分行	14 000	7 005
成总记	12 000	6 005	成平记	4 000	2 005
成津记	4 000	2 005	栋记	4 000	2 005
啸记	1 800	905	迪记	1 800	905
固记	4 000	2 005	伯记	11 200	5 605
松记	1 600	805	荫记	2 480	1 245
延记	6 000	3 005	秉记	4 000	2 005
友记	8 000	4 005	池记	4 000	2 005
重记	4 560	2 285	范记	4 000	2 005

资料来源：天津档案馆藏《北洋纱厂，本厂股东监察人名单》，全宗号 145，案卷 37。

4.3.3.2 对临时股东会召集权利的限制

近代四部公司立法对股东召集临时会议的要求都进行了明确规定。表 4.5 整理了农工商部对召集临时股东会规定不符的公司下令修改的一些情况。从实行情况来看，公司在注册时，如有与《公司条例》不符的股权和股份规定，农工商部都会责其修改，因此，只要是向商部注册的公司，其章程中必然规定对召集临时股东会权利的限制和要求。

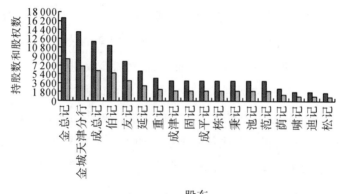

图 4.2　北洋纱厂股东持股总数和股权分数

资料来源：根据表 4.4 数据绘制。

表 4.5　农工商部对公司召集临时股东会规定的修正

公司名称	注册时间	章程对召集临时股东会的规定	农工商部批示	资料来源
佛山光华电灯公司	1916 年 3 月	能联合股份占十分之二，即可召集	核与条例第 146 条之规定尚未尽符，应将股份十分之二改为十分之一以上	《农商公报》第 2 卷第 9 期，总第 21 期，1916 年 4 月 15 日，"政事门 公文"第 4 页
江苏高邮电灯公司	1922 年 3 月	有股份总数占十分之二以上股东之请求可召开临时会	同上	《农商公报》第 8 卷第 9 期，总第 93 期，1922 年 4 月 15 日，"政事门 公文"第 5 页
振华商业银行	1922 年 3 月	同上	同上	同上，第 7 页
中孚银行股份有限公司	1917 年 1 月	股东十五人以上，计其所有股份达资本全数十分之一以上	改为"有股份总额十分之一以上股东"	《农工商报》第 4 卷第 5 期，总第 41 期，1917 年 12 月 15 日，"政事门 公文"第 20 页
信谊贸易股份有限公司	1921 年 1 月	由股东占股券过半者提议	同上	《政府公报》第 2049 号，（1921 年）11 月 8 日，总 182 册，第 142 页
上海丰盛实业公司	1922 年 3 月	股东临时会由董事会决议召集之	应改为"临时会由董事会或监察人认为必要时召集或有股份额十分之一以上股东说明理由，请求召集时，董事会亦应召集"	《农工商报》第 8 卷第 9 期，总第 93 期，1922 年 4 月 15 日，"政事门 公文"第 6 页

表4.5(续)

公司名称	注册时间	章程对召集临时股东会的规定	农工商部批示	资料来源
江苏泰昌洋货木器公司	1922年5月	或由全体股东过半数之股权	应改为"有股份总额十分之一以上股东"	《农商公报》第8卷第11期，总第95期，1922年6月15日，"政事门·公文"第6页
直隶保阳火柴有限公司	1917年5月	有三分之一以上股东之请求，得临时召集	"核与条例第146条之规定尚未尽符，应参照修改，报部备核"	《农商公报》第3卷第11期，总第35期，1917年6月15日，"政事门·公文"第14页
贵州蔚丰垦殖公司	1917年10月	股份总额三分之一以上	应遵条例第146条改为"股份总额十分之一以上"	《农商公报》第4卷第4期，总第40期，1917年11月15日，"政事门·公文"第10页

本节的分析说明，公司章程往往能对投资者权利提供保护，在一定程度上弥补了法律保护机制的不足。纸面法条的变化往往也关系到章程的变化，下一节就股东权利保护变化提供一个解释。

4.3.4　股东权利保护变化的政治经济学解释

以上我们就几项关键的股东权利进行了具体分析，根据 LLSV（1998）的研究体系，对这些权利数目的加总能反映出一个国家立法层面上对股东权利的保护。从表4.1中可以看到，1904年的股东保护权利指数仅为2，到1927年，这一指数上升到了5。应该如何解释这种投资者权利保护的变化呢？法条的不断变化是否能通过一个因素来进行解释？通过前文对立法过程的简单回顾可以看到，一些特别条款的设立与商民利益和立法者的利益是密切相关的。此处笔者将提供一个对立法变化的政治经济学解释。

法金融理论的一个基础假设就是，法律演变仅仅来源于普通法国家的判例变化以及大陆法系国家法条的改变。一般而言，在这两类法系的国家中，公司法是经由立法程序并同时考虑法律专家和商人意见而创立的。在中国的案例中，公司的历史从洋务运动时期就开始了，公司创办要经由政府特许，并经历了官办、官督商办、商办的演变路径。直到1900年，市场上的股份公司仍然很少。清政府颁行公司法，一方面出自统治者振兴实业维持自身利益的要求；

另一方面，也是当时"收回利权"运动的需要。《公司律》使得公司设立进入准则主义阶段，确立了公司法人和有限责任，对投资者也有了新的保护依据。1904年的《公司律》，制定仓促，虽有"开风气之先"的作用，但由于立法者缺少相关经验与学识，且以翻译照搬国外成律条文为主，很少顾及中国商情，在法理及应用方面存在诸多疏漏。虽然该律在一定程度上也使商事活动有据可依，但法条修订仍显欠缺。到了1929年，国民政府颁布的公司法中，引入了持股数量在十分之一以上的股东，有权利对公司董事会决议提出质疑的法规。同时，股东可以以个人或者团体的名义，对引起股东财产损失的董事会决议提出诉讼①。这一法条的明确化，可以说是当时商人积极争取的结果。

1907年，上海预备立宪公会、上海商学会和上海总商会联合发起商人自订商法活动，通过成立专门机构，聘请专家广泛调查，深入研究各国先行公司法，历时两年编制出《公司律调查案》并配附详尽的理由书，将之视为商界意见并呈送政府。清政府灭亡之后，1912年袁世凯在北京就任临时大总统，通令对前清各项法令除与民国政府抵触者，均暂行援用②。在社会各界普遍意识到要振兴实业的社会氛围下，作为北洋政府最高当政者的历任总统，以及临时执政、大元帅等，无不将发展实业列为施政纲要之一。1912年3月，袁世凯任命第一届内阁成员，宋教仁、陈其美分别担任农林、工商两部部长。工商部的施政方针之一就是"保护现有之工商"③，为此，该部就修订新的经济法规进行准备，曾通令海内外华商商会，请就商律、矿律等各抒己见，同时还致函各驻外代表，请将驻在国各项工商行政章程迅速搜集，邮寄该部，以便参酌借鉴④。北洋政府重新修订工商法规，与张謇就任农商总长之后的努力密不可分。1913年张謇在国务会议上发表《实业政见宣言书》，进一步提出发展实业的四项主张中，第一为"乞灵于法律"⑤。政府为发展实业、振兴经济，特发起召开工商会议，商界提出《请速定商律以救时弊案》《请速定商法公司律以资保护而图

---

① 见1929年《公司法》，第150条。载朱鸿达，等.新编六法全书：释义及判例［M］.上海：上海世界书局出版社，1934.

② 周康燮.中华民国史事日志：第1册［M］.香港：大东图书公司，1981：11.

③ 见《参议院第五次会议速记录》，《政府公报》第16号（1912年）5月16日，总第一册，第268页。

④ 见《政府公报》第47号，1912年6月16日，总第2册，第312页。

⑤ 张謇.张謇全集：第2卷.经济［M］.南京：江苏古籍出版社，1994：165-166.

振兴案》等，也是促进公司法出台的重要因素。在这些因素推动下，1914 年北洋政府颁行《公司条例》，大部分条款采纳了晚清以来商人力量对商事习惯调查并形成的法律草案成果，其绝大多数条款皆是对《公司律调查案》的套用、压缩或文字重排。而通过设立这些切合商情的法条，北洋政府时期的股东权利保护比 1904 年时有了明显提高。在《公司条例》颁行后的 1915 年，全国各类公司的投资总额已经从前一年的 9 052 万银元增加到 16 149 万银元，到 1920 年则进一步增加到 25 279 万银元。同时每家公司的平均资本规模也呈现上升趋势，而资本在万元以下的小公司数目有减少趋势，资本在 20 万元到 100 万元的大中型公司却呈现上升势头①。

1927 年南京国民政府成立后，立法院即拟定"公司法原则草案"，随后通过了新的《公司法》，在纸面立法上，对投资者的保护措施堪称完备。1927 年《公司法》最重要的变化是增加了有关法人持股的内容。"公司不为他公司之无限责任股东。如果他公司有限责任股东，其所有股份总额，不得超过本公司实收股本总数四分之一。"这项规定为民营公司之间互相参股控股、公司间的兼并收购，以及公司集团化成长提供了法律依据，同时也为国有公司以及其他有官方背景的公司向其他公司的渗透和扩张创造了条件。

到了 1927 年，新《公司法》的规定使更多小股东有了申请召集临时董事会的权利。从这两方面看，《公司法》的修订在一定程度上虽保护了小股东，但更多的是为国有公司的规模扩张打下基础，从中获益的是操纵这些公司的高层人员。1940 年 3 月，重庆政府又颁行了《特种股份有限公司条例》。公司发起人数可以不受《公司法》第八十七条限制，即国家可根据战时形式的需要，以合营的方式，用较少的国有资金控制和参与较多的资源和企业。特别是到 1946 年公司法修订之后，对法人持股比例增加的修订，更为国有大公司向民营企业的渗透提供了便利。

① 龚骏. 中国新工业发展史大纲［M］. 北京：商务印书馆，1933：114-115.

4.4 本章小结

本章的分析得出的结论有三。第一，近代中国的股东权利，从纸面立法的角度看，从晚晴以来，呈现出由弱到强的变化趋势，这样的变化与英美法系的国家如英国股东权利发展变化的轨迹近似。中国作为一个移植了大陆法系的国家，其对股东权力的保护与英美法系的国家类似。到了南京政府时期，这种保护措施甚至达到了很高的水平。这一发现说明，与法金融学者们认为的投资者保护程度由一个国家特定的法系渊源决定不同，法源与投资者保护水平并无太大联系，并且，本章的分析指出，晚清以来，随着兴办实业的进程，投资者保护的正式机制实际上是在逐步完善的。第二，本章的分析也指出，晚清以来的股东权利保护，实质上是商人力量和政治力量之间博弈的结果，这使得股东权利随着政权更迭而出现变化。第三，国家意识形态的变化，对投资者保护的决定是十分必要的。无论是在清朝还是北洋政府抑或南京政府统治时，政府振兴实业、工商立国的方针都未变化。

当然，本章研究的投资者保护，主要是指纸面上的法条而非实际实施的保护机制。投资者保护机制具体为何，在知道法条的具体执行结果之前，我们无法得出结论。只有就不同政府下投资者保护实施情况进行说明，我们才能解决这一问题。

5 | 股东权利保护的实施效果分析

5.1 引言

本章的主要内容是研究股东权利法律保护的实施效果。立法和执法，属于法律保护机制的两个不同层面。法金融理论的核心论点是，在长时段，股东权利保护的实际效果解释了一个国家资本市场的规模变化。例如，如果纸面立法对股东权利的保护在 19 世纪 20 年代是薄弱的，但相比之下金融市场却有很好的发展，我们就能预期这些权利保护的实施是有效率的。但如果纸面上的立法对股东权利保护在 1920 年之后变强，而金融市场并没有任何成长，我们就预期股权保护的法律执行变得更糟。

但是，要研究历史上的股东权利执行情况并不简单。这里我们采用 LLSV (1997) 提出的一个替代方法，即考察企业的所有权结构。这一思路背后的逻辑是这样的：给定产权保护对投资预期十分重要，如果股东权利没有得到适当保护，那么中小投资者将不会有动机投资于企业债券或者股票，这样我们将观察到企业呈现出很高的所有权集中度。因为当中小投资者不受保护时，其利益很容易被大股东和职业经理人所牺牲，常见的如稀释股权等，最终会造成股权结构的相对集中。LLSV 等学者研究了世界上 49 个国家的股东保护情况，发现股权保护最弱的国家，其公司的所有权集中度最高。

为此，LLSV 建议以大公司的股权集中度作为衡量股权保护实施情况的指标。根据这个思路，要研究 1904—1949 年公司法对股东的保护在实际中的实施情况，则可以通过研究这段时期公司的所有权集中程度来进行。较低的股权集中度意味着投资者的权利得到相对好的保护。本章以尽可能得到的数据，估算了不同时段近代股份公司的股东集中程度。以天津档案馆的股东名簿为例，对 1910—1940 年近代股份公司的股权集中度进行分析说明。对于晚清和北洋政府时期的公司数据，由于数据有限，我们只能选取一些代表性的公司进行说明。但无论股权集中度有多高，从晚清一直到南京国民政府时期，所有的股票都要给股东支付红利 ，即"官利"制度，从一定程度上刺激了小股东参与投资。

到了南京国民政府时期，政府对公司的控制日益加深。经济部、实业部、资源委员会等都积极投资各类大公司。在这些国有公司中，只有很少一部分股票向公众出售。例如，1948 年 9 月 10 日到 10 月底，中纺建、台糖、台纸、招商局以及天津纸业股份有限公司几家国有公司，原定出售股份 5. 64 亿元，实际售出共合金圆券 668. 25 万元，只及原定计划数的 1. 19%①。

考虑到股权集中度并不必然反映控制权集中度，本章尝试对投票权在少数股东手中的集中程度进行了研究。本章的分析结果显示，以近代天津为例，公司所有权集中度的演变轨迹，并没有随着股东保护水平的变化而出现因果联系。1904 年到 1940 年公司法对股东权利保护的条款中，通过公司章程的形式对小股东提供的保护更加齐全。在 20 世纪早期，法律对股东权利的保护非常薄弱，1927 年之后才开始加强。我们期待能发现股权集中度也随之呈现出分散的现象，但恰是在 1927 年之后，国民经济的许多部门实际为政府所控制，南京政府的四大家族实质上控制了许多大公司的运营。

本章的结论并不支持 LLSV 的研究假说，而是从两个方面支持了 Franks，Mayer 和 Rossi（2003）对英国案例研究的假设。第一，许多 LLSV 理论体系下法律对投资者保护的条款，无法解释中国近代证券市场的发展。实际上，从历史发展来看，证券市场的发展看起来与股东权利保护水平是相互独立的两个变量。第二，即使在对股东没有太多保护的时段，股权集中度也不高。但和

---

① 《大公报》1948 年 10 月 20 日；《中央日报》1948 年 10 月 17 日；《和平报》1948 年 11 月 6 日。转引自张忠民《艰难的变迁》，第 240 页。

Franks, Mayer 和 Rossi（2003）的研究相似的是，近代中国出现企业兼并的时期，所有权集中度开始上升，并且是集中在少数家族手中，可以说，后一点是中国企业发展的特色之一①。

本章的研究也说明，尽管在 20 世纪初期，公司立法这一正式的机制未曾为投资者提供很好的保护，但这一时期的所有权集中度数据说明，存在着其他对法律这一正式保护的替代性保护机制。本书认为，公司章程在这一时期为投资者提供了替代的保护，公司章程对公司财务信息披露的要求（要求公布每一年度的损益表等），以及章程对大股东权利的限制等都对小股东提供了保护。

本章的结论对 LLSV（1997，1998）研究中所提出的对于投资者保护很重要的指标提出了质疑。从近代中国的股东权利保护来看，以 LLSV 为代表的法金融理论所选择的用来解释一个国家资本市场发展的指标，从历史发展来看，并没有显示出真正的相关性。

5.2 研究资料及方法说明

近代股东权利保护的实施情况是一个十分复杂的问题。小股东与企业内部人（特别是大股东、经理人员）之间的纷争，一般情形下并不会采取诉讼程序进行解决。特别在民国初年，司法体系并不健全，试图从法庭判案中找出小股东与内部人员冲突的案例是不太现实的。不过，大部分的纠纷冲突却能够在公司股东大会的记录中找到，但困难在于，这样的记录都十分零碎，很难对它做出系统的分析，但如果是研究股权集中度的问题，我们的样本库相对容易建立。采用所有权集中度这个指标的原因是：①很难确定自己在多大程度上被这些规定所保护，从而免受公司经理人和其他大股东的"盘剥"的小股东，应该不会在参与公司投资上表现得很积极；②在很弱的投资者保护环境中，小股东很难阻止经理人滥用权力盗取公司资源。而高的所有权集中度是对不充分的股东权利保护的一种补偿，因为拥有更多股份的大股东应该更有动机对公司经理

· 69 ·

① 关于家族组织在中国公司发展中的作用，详见 WONG S L. The China family firms: a model [J]. British Journal of Sociology，1993（1）：327-340.

人进行监督，同时也有权力对滥用职权的经理人除名或者替换。

笔者尽可能收集了 1900—1949 年公司股东的名单。股东名簿在近代档案中并不容易找到，公司除了在申请注册时一般不会公布其股东名录，而是将其附在公司年报当中。这样的年报也很不容易找到，因为很少有公司会将其系统的档案资料交存于地方档案馆。结合中国近代企业的发展情况，由于近代中国公司发展并不平衡，从 1904—1949 年的注册情况来看，上海、天津两地的公司数在全国名列前茅①。天津注册的公司与股东名簿数据主要来自天津档案馆，其数据库收录了 12 家公司的股东名簿，行业主要集中在银行业，另有航运业、垦殖业②。

从一些公司股东名簿的情况看，股东选举权的信息也被列出。公司在呈请注册时一般都列出了公司章程和股东名簿，章程的获取比起股东名册容易许多。而公司章程又是根据彼时公司法的法意设置的，章程中列出的关于股权限制、代理表决权等问题都能作为研究材料。因此，根据这部分材料，我们能看到股东权利在章程中的具体保护程度。

尽管法金融理论代表学者 LLSV 认为，对股权不加限制对于保护小股东的利益更为有效，但从收集的材料来看，许多公司对股权做了上限规定，并且这种限制在实际操作中，甚至减小了公司的所有权集中度。

根据商会档案和报刊资料的记载，笔者整理了南京政府时期最大的企业集团的所有权数据。这些数据反映了这些公司的所有权集中度，以及如果这些公司被集中在少数大股东手中，这些股东之间是否有着家族联系等。

5.3　估算结果和解释

5.3.1　公司所有权集中度：以天津为例的估算

在中国近代企业史的研究中，还没有学者就公司的所有权集中程度进行过估算。本书根据收集的资料，从股东名簿所列出的信息中筛选出股份总数排名

①　杜恂诚. 民族资本主义与旧中国政府 [M]. 上海：上海社会科学院出版社，1991.

②　数据包括联合银行、兴业银行、盐业银行、东莱银行、中国垦业银行、国货银行、中南银行、大陆银行、金城银行、新华储蓄银行、北洋纺织公司、开源垦殖公司等。

前三的股东，计算其占公司总股份的比例。具体的计算公式为：

$$Cr = \sum_{i=1}^{3} N_i / T$$

其中，Cr 为该公司的股权集中程度；N_i 表示第 i 个股东拥有的股份数，T 为该公司的股份总数。

公司的控制权集中度则通过赫芬达尔指数（HHI）的计算方法得到，HHI 本身是产业组织理论中广泛用于计算市场集中度的指标，此处笔者以股东的股权集中度的倒数来进行计算[①]。笔者采用 1890—1949 年可得的企业样本数据，分析结果显示，在章程中规定了更完善的投资者保护条款的公司，往往体现出了更低的所有权集中程度。其中，股东名单数据从商会注册资料中得到，而具体的公司章程、每股表决权等数据，皆从商会档案或是同期报纸中收集得到。受收集的资料所限，本书的估算结果仅以 1910—1930 年的天津公司为样本。

根据我们的计算方法，表 5.1 列出了所收集的公司股东名单中，股份数排名前三的股东所持股份占总股份的比例。

表 5.1 的估计结果显示，1910—1940 年，公司的前三名股东平均持有的公司股份数占公司总股本的 27.15%。以金城银行、东莱银行为例，公司最大的三名股东，平均拥有 55% 以上的股票以及 56% 以上的控制权。这样的比例折合成赫芬达尔指数进行衡量的话，平均赫芬达尔指数达到 0.24，相当于公司被不到五名拥有相同股份数的股东所控制。相比之下，其他公司最大的三名股东平均拥有股份总数的 30% 和表决权的 22%，折合成赫芬达尔指数约为 0.07，相当于一共有 14 名股东对公司进行控制，比前一类公司有低得多的所有权集中度。而统计检验的结果也说明了这一分类在统计检验上的重要性。

表 5.1　民国时期天津部分公司所有权集中度（Cr）估算

公司名称	年份	公司股本	Cr
①联合银行	1923	300 000	0.5
②盐业银行	1918	57 280	0.032 489 5

---

① 之所以选赫芬达尔指数对控制权集中度进行估计，是因为其倒数（特别是 1/X）实际上给出了要达到某一集中程度的股东人数。涉及赫芬达尔指数及其解释，参见 ADELMAN M A. Comment on the "H" concentration measure as a numbers equivalent [J]. The review of Economics and Statics, 1969 (2)：99-101.

表5.1(续)

公司名称	年份	公司股本	Cr
	1925	65 468	0. 036 368 9
③兴业银行天津分行	1920	40 000	0. 056 575
	1925	40 000	0. 080 037 5
④东莱银行	1923	3 000	0. 433 333 3
	1943	12 000	0. 315
	1949	66 000	0. 315
⑤中南银行	1927	379. 37	0. 293 644 7
⑥中国垦业银行	1928	2 400 000	0. 213 139 2
⑦国货银行	1918	50 000	0. 054 14
⑧新华储蓄银行	1926	260 000	0. 012 153 8
⑨大陆银行	1921	20 000	0. 092 5
⑩金城银行	1935	40 000	0. 590 625
⑪金城银行	1940	2 500	0. 56
⑫聚兴城银行	1932	40 000	0. 924 5
⑬益成物产贸易公司	1946	20 000	0. 3
⑭开源垦殖	1928	2 000	0. 255 75

资料来源：根据各公司股东名簿整理得出，卷宗来自天津档案馆，具体全宗和案卷号：①为 J210-879；②为 J217-4031；③为 J204-1459；④为 J206-42；⑤为 J212-904；⑥为 J209-489；⑦全宗号 2，案卷号 489；⑧全宗号 175，案卷号 103；⑨全宗号 215，案卷号 2957；⑩⑪全宗号 211，案卷号 4700；⑫全宗号 205，案卷号 39；⑬全宗号 189，案卷号 1；⑭全宗号 188，案卷号 96。

相对于中国的情况，20 世纪早期的发达国家，如英国，平均的所有权集中程度实际是很高的。1900—1910 年，在一项样本容量为 40 个企业的研究中，研究者发现拥有企业的大股东们控制着约 52.86% 和 64.39% 的投票权[1]。这样的股权集中度，不仅比本书中以天津部分企业为样本的计算结果高出很多，也比同期的世界其他国家如巴西等要高很多。考虑到伦敦是当时世界上最为发达的金融中心，这一研究结果让人印象深刻。

① 见 FRANKS J, MAYER C, ROSSI S. Ownership：Evolution and Regulation ［D］. London：London Business School, 2004；表 4。

近代中国投资者保护机制研究

5.3.2 洋务派企业的股权集中度情况

与民营企业相比，洋务派企业的股权集中度相对较高，大部分股权掌握在主要官员手中。即使在此后官办转换为商办的过程中，仍然凸显了投资者对官股的不信任心理。如表 5.2 所示，以洋务派企业中最具代表性的轮船招商局为例，轮船招商局一成立即陷入资本不足的困境，官款 20 万串实收 18.8 万串，合银 12.3 万两，其中李鸿章投资 5 万两，沙船商郁熙绳入股 1 万两，余认股 10 万两均未交款。仅两大股东就占据了轮船招商局成立之初约 50% 的股份，股权十分集中①。

表 5.2　轮船招商局股权集中度

时间	总股本	大股东股本	大股东股本占比/%
成立之初	12.3 万两	李鸿章 5 万两	40.65
		郁熙绳 1 万两	8.13
1873 年年底扩股	47.6 万两	徐润 24 万两	50.42
		陈树棠 10 万两	21
		唐廷枢 8 万两	16.8
		盛宣怀 4 万两	8.4

资料来源：根据聂宝璋《近代航运史资料》第 787 页资料编制。

洋务派企业的一个较为特别的情况就是股份有很大数目掌握在政府官员手中，招商局、电报局等莫不如是。也正因如此，加之不到半年之后轮船招商局就出现亏损，招商扩股形式更为糟糕。李鸿章深虑招商局失败，遂在盛宣怀的推荐下，于 1873 年 6 月招致唐廷枢、徐润等大买办入局。截至 1873 年年底，共招得 952 股，先收半数，共计白银 47.6 万两，新股份中大约有徐润 24 万两②，唐廷枢至少 8 万两，盛宣怀 4 万两，茶商陈树棠 10 万两③。原拨付的 20 万串官款则作为存款，存期三年，年息七厘，不负亏损责任。从表 5.2 也可以

---

① 聂宝璋. 中国近代航运史资料：1840—1895 [M]. 北京：科学出版社，1983.
② 徐润. 徐愚斋自叙年谱. 第 18-19 页。
③ 《国民政府清查整理招商局委员会报告书》下册第 35 页称：唐廷枢于 1884 年以旧有局股 8 万两抵偿招商局欠款。

看出，第二次扩股以后，轮船招商局仍然有接近百分之五十的股权基本掌握在主办官员的手中。

在这些例子中，电报总局是洋务派企业经营中的一个例外。1882 年，电报总局改为电报招商局，盛宣怀、郑观应、谢家福、经元善等为主要投资人。从电报局的发展历程来看，主要股权仍然集中在少数主要投资人手中。该局于1883 年规定资本 80 万元，续招股 64 万元。1884 年总局由天津迁至上海，盛宣怀任督办，郑、谢、经为会办。该局 1882 年正式营业，即收入资费 6.1 万两，至 1886 年，收入 41 万两。这时，已还清原官垫路线款 17.8 万两（还款 8 万两，其余以官方发报应收资费抵付），全属商本。电报业务发展迅速，盈利累累，除付股东百分之十的官利外，股息亦丰，常在百分之七左右，高时达百分之三十；1895 年资费收入达 115.5 万元，分派股息 27.4 万元，是洋务派经营得最好的企业①。

在采矿业中，洋务派企业也有所涉足。开平煤矿的资本原拟募集 80 万至100 万两。招商章程的规定虽然对投资者的权益比较重视，然而在商人中却存在着不同的看法。一些与唐廷枢关系密切的买办或大商人，熟知唐廷枢与北洋的关系，相信开平或者因这种微妙关系能给他们带来优厚利润。但是，为数众多的一般商人对官督商办却存有疑虑。当时，《北华捷报》曾做这样的预计："从中国人不愿承购轮船招商局的股票看来，他们大约也不愿承购同一帮人主持下的矿务局的股票。"② 因此，开始时的招股工作很不顺利，到 1878 年 5 月应该募足的 80 万两只招到 20 余万两，主要投资人是唐廷枢、徐润及与他们有联系的"港粤股商"③。这种投资人对投资洋务派企业的顾忌，在很大程度上也反映了近代企业设立之初投资者权利保护机制更多的还是投资者利用关系网络分享信息的自我保护机制。

投资者虽然对官办、官督商办的企业投资有所顾忌，但一旦企业开始盈利，情况就会发生变化。开平煤矿在 1881 年出煤后，招股工作迅即改变。在1881—1882 年，开平股票的市场价格已高于面值的 100%～150%④。1882 年开

① 许涤新，吴成明. 中国资本主义发展史：第 2 卷［M］. 北京：人民出版社，1990.

② 《北华捷报》1878 年 2 月 14 日。

③ 《新报》1878 年 3 月 14 日。

④ 《北华捷报》1883 年 5 月 18 日。

平煤矿的资本已达 100 万两，其中大部分是在上海招集的，包括轮船招商局购买的 21 万两①。盛宣怀在 1882—1883 年收购开平股票 256 股，每股价达 240~250 两。1883 年秋，上海发生金融风潮，开平股票一度跌至 70 两甚至 40 两。但与轮船招商局不同，开平股票不久便一改疲软之势头，是年 12 月已回升到 150 两②。1889 年为开发林西矿和购买轮船需招新股 20 万两，很快完成募集。开平煤矿基本上是招募商股，所用官款不多。

而上海机器织布局的筹备例子则体现了信息公开度对股权集中度的影响，也体现了中小股东对权利保护的诉求。虽然我们无法得知上海机器织布局建立过程中股东的股权集中情况如何，但此案例中出现的中小股东集体登报控诉的情形在近代并不常见。

机器织布局由郑观应等聘美国纺织工程师丹科（A. D. Danforth）主持购机建厂等事宜并同时进行集股。当时拟募商股 40 万两，筹办人认购 20 万两，余公开招募。纪元善主张股东户名、银数、经办钱庄等均"每月清单布告大众"以昭信用，在北京、天津、汉口、广州、香港、澳门以至长崎、横滨、新加坡、旧金山等 28 个城市委托银钱业和商号进行招募。认股踊跃，不到一个月即认购 30 万两，后又增至 50 万两，超过原定计划③。这与之前此织布局在官僚手中招股艰难的局面形成鲜明的对照。正在筹备工作进行之际，1883 年秋上海发生金融危机，波及上海织布局的股款。据后来曾国荃调查说，当时该局所集 50 万两股款实际只收现银 35.28 万两，余均以股票存局做抵押，而现银中除支付购办机器等款项 20.9 万两外，其余 14.3 万余两"或已放出，或押投票，均无实银存局"。又查当时招股时，"郑观应所招之股为数独多""局中一应银钱账目责成一手经理"④，所有损失自也应由郑负责。截至 1887 年，局内现银只有 800 两，支付机器价款、洋匠工资都发生困难，于是李鸿章另委龚寿图、龚彝图接办。龚氏兄弟接手后，重定章程，决定与前局划清界限，老股 100 两限三个月内加交 30 两，换发新股票，最终引起中小股东登报控诉⑤。

① 徐润著《徐愚斋自叙年谱》，第 32 页。
② 纪元善著《居易初集》（卷二），第 32 页。
③ 纪元善著《居易初集》（卷二），第 36、38 页。
④ 曾忠襄公奏议（卷三十一）《光绪十五年十月初二日查复织布局疏》。
⑤ 王振中. 中国经济学百年经典：中卷 [M]. 广州：广东经济出版社，2005：867-889.

可以看出，以上各行业中，官款所占比重都很高，尤其在开办初期。在漠河金矿和青溪铁厂的资本中，官款都占 50% 左右。官款在天津铁路公司占64%，在天津电报局占 70%，在湖北缫丝局占 80%。汉阳铁厂后来实行官督商办时，盛宣怀筹商股 100 万两，而原来官产计价 560 余万两，等于商股的5.6 倍。

在银行业方面，商民对自身的权利保护意识很强，中国银行的则例之争反映了官僚资本企业中的官商矛盾。截至 1921 年，中国银行续招商股，并逐步撤退官股，到 1926 年官款只余 5 万元，中国银行已基本上是商办银行，其情况如表 5.3 所示[①]。

表 5.3　中国银行的官商股份数演变（1912—1926 年）

年份	资本总额/元	官股数量	商股数量	商股占比/%
1912	2 662 662	2 662 622	——	——
1915	13 592 500	11 280 000	2 312 500	17
1917—1920	12 279 800	5 000 000	7 279 800	59.3
1921	18 278 600	5 000 000	13 278 600	72.6
1922	20 560 100	2 200 000	18 360 100	89.3
1923	21 110 200	1 400 000	19 710 200	93.4
1924—1926	19 760 200	50 000	19 710 200	97.5

资料来源：中国银行总处档案卷 397（2），第 254 页，国家第二历史档案馆藏。

洋务派企业中，官股占很大比重，造成股权集中度向政府绝对倾斜的一个显著原因是招股困难。以轮船招商局为例，1873 年拟定资本 100 万两，只招足47.6 万两；1876 年续招 39.7 万两，实收仅 8 万余两；1877 年收买旗昌，拟招股 150 万两，实收仅 4.5 万两。开平矿务局，1877 年招股 80 万两，实收仅 20万两。漠河金矿，1886 年招股 20 万两，实收仅 2.9 万两。中国铁路公司，1887 年招股 25 万两，实收仅 10.85 万两。青溪铁厂，1888 年招股 30 万两，实收仅 10 万余两。这几次招股，按次数计平均完成率不到 30%，按总金额计只完成 25%。进入 19 世纪 80 年代，市场景气，像 1880 年上海织布局招股 40 万

---

① 许涤新，吴承明. 中国资本主义发展史：第 2 卷 [M]. 北京：人民出版社，1990：346.

两，1882 年天津电报局招股 10 万两，1882 年轮船招商局增招股 100 万两，均能如期完成。但 1883 年上海发生金融危机以后，招股就又陷入困境。1883 年天津电报局招股 64 万元，只完成 30 万元。惟开平矿务局因红利优厚，1889 年招股 50 万两，顺利完成①。

是否当时洋务派企业出现的招股困难情况，实际上反映了民间没有足够的资本进行投资？以航运业而论，当时商人、买办大量附股洋务轮船公司，购买夹板船、轮船进行经营，正是李鸿章创办轮船招商局的动机之一，实际上，已有数起商人要求开办轮船厂的提议；而招商局成立后，又有商人申请设立轮船公司之事。这说明商界对经营航运业的兴趣很浓，也有投资力量，他们不愿入股官督商办企业，部分原因是对官方不信任，怕官方专断独行，自己遭受损失。官督商办企业在矿业方面的招股困难也是由于相同的原因。1874 年和 1875 年，李鸿章筹办磁州、兴国煤矿，各招商股 10 万两，都未实现，只好改为官办。1883 年，云南铜矿改为官督商办招商局，在上海招股，无人响应，只得作罢。漠河金矿原已有商人开采，聚众 1 500 人，形成淘金热，组织官督商办矿务局后，招股 20 万两，却仅得 2.9 万两。至中日甲午战争前，官督商办的矿业企业创办成功的仅有两家，但是，那种挂官督商办名义实际是商办的矿却有 25 家，煤矿 8 家，金属矿 17 家②。但就我们对上海股票市场的资料整理而言，早在 1883 年以前，矿业股票市场交易就很活跃，已经形成一个投资开矿的小高潮，表示开矿风气已开，商人兴致正高。只是投资者对于官方力量进入市场，仍然顾虑重重。这种心理，也正是当时制度环境下，普通的股东对自身利益的一种自我保护机制。

总之，洋务派企业的所有权集中情况与投资者保护情况，由于政府入股企业，都体现了较高的所有权集中度。1900 年的股票市场中，轮船、矿业等股票市场十分活跃。这一阶段投资者面临的主要问题是如何避免官方掠夺。由此看出，一个国家证券市场的发展，对企业外部投资者的保护只是一个方面；也需要对内部投资者进行保护，即对企业出资人的保护。

---

① 许涤新，吴承明. 中国资本主义发展史：第 2 卷 ［M］. 北京：人民出版社，1990.
② 许涤新，吴承明. 中国资本主义发展史：第 2 卷 ［M］. 北京：人民出版社，1990：279.

5.3.3 家族控制与所有权集中度

在近代中国市场上，另一个十分重要的所有权持有模式是家族持有，即同一家族中的人员持有公司绝大多数的股份并占据大多数经理人的席位。关于近代企业的家族控制现象，一个典型代表是荣家企业的股权结构。

表5.4列出了荣家企业的股本集中情况，这一企业的典型性在近代家族企业研究中有较多阐述。表5.4中，荣氏兄弟持有申新系统总股本的78.9%、茂新系统总股本的91.5%、福新系统总股本的55.3%。

除了这种具有代表性的家族控股情况，家族公司中并不缺少股权分散度高的公司，一个例子就是永安纺织印染公司，永安纺织印染公司是近代在大陆注册、股权最为分散、家族成功控制的家族企业之一。永安纺织印染公司采用三级制的招股方法，郭顺利用中华澳洲商会会长的身份和郭氏兄弟所经营的上海永安百货及其他联号企业的良好绩效，吸收了大量的侨资，结果公司原始资本中侨资约占90%以上，股东数量高达5 302户，股权高度分散，其中85%以上的股东股金不足1 000元。而郭氏家族凭借22户股东占有2.56%的股份，加上家族控制的6家联号企业所持的19.25%的股份，权力远远超过其他股东。其他股东不仅小而散，而且多数远离上海，对公司经营控制权并无兴趣或者心有余而力不足，对郭家又非常信任，结果公司董事会、总经理、总监督的人选都为郭家所直接或间接控制。而郭氏各企业设立总监督一职，以及由郭乐或家族控制的联号企业相关人员担任的做法，保证了各企业资源的优化配置，也保证了股东收益，从而将企业控制权牢牢地掌握在家族手中①。上海永安公司的股本情况如表5.5所示。

---

① 上海市纺织工业局，上海面纺织工业公司，上海市工商行政管理局永安纺织印染公司史料组.永安纺织印染公司 [M]. 北京：中华书局，1964：13-30.

表 5.4 荣家企业的股本集中情况

厂名		总股本/千元	荣氏兄弟股本/千元	其他股东股本/千元	荣氏兄弟所占比重/%
茂新系统	茂新一、二、三厂	1 166.67	1 067.50	99.17	91.5
	茂新四厂	416.67	381.25	35.42	91.5
	小计	1 583.34	1 448.75	134.59	91.5
福新系统	福新一厂	500.00	233.20	266.80	46.6
	福新二、四、八厂	2 322.50	1 402.09	920.41	60.4
	福新三厂	500	133.35	366.65	26.7
	福新五厂	1 500.00	828.80	671.20	55.3
	福新六厂	—	—	—	—
	福新七厂	1 500.00	900.00	600.00	60.0
	小计	6 322.50	3 497.44	2 825.06	55.3
申新系统	申新一、八厂	3 500.00	2 216.55	1 283.45	63.3
	申新二厂	(2 483.33)	(2 483.33)	—	(100)
	申新三厂	3 000.00	2 170.00	830.00	72.3
	申新四厂	285.00	150.00	135.00	52.6
	申新五厂	(1 399.51)	(1 399.51)	—	(100)
	申新六厂	1 388.89	1 388.89	—	100
	申新七厂	2 500.00	2 350.00	135.00	94.0
	申新九厂	694.44	694.44	—	100
	小计	(15 251.17) 11 368.33	(12 852.72) 8 969.88	2 398.45	(84.3) 78.9
合计		(23 157.01) 19 274.17	(17 798.91) 13 916.07	5 358.10	(76.9) 72.2

资料来源：上海社会科学院经济研究所. 荣家企业史料：上册，1896—1937 [M]. 上海：上海人民出版社，1980：284.

注：1. 各厂股本根据 1932 年各厂资产负债表上所列资本额计算。

2. 荣氏兄弟投资数根据该年或相邻年份的股份分配比例计算。

3. 申新二厂、五厂未设定股本，括号内数字为总公司垫借资金。以后，该二厂为荣氏兄弟所独有，这里将其作为资本看待，并加括号以示区别。

表 5.5　上海永安公司股本集中情况（每股 100 港元）

投资人		合　计			华侨股比例/%	非华侨股比例/%	未查明是否华侨/%
		股东数	股　数	比例/%			
香港永安公司投资		1	5 000	20.0	20.0	—	—
郭氏家族直接投资		22	1 405	5.6	5.6	—	—
其他投资	1~10 股	1 175	8 470	33.9	28.0	2.0	3.9
	11~50 股	269	6 335	25.3	22.5	1.2	1.6
	51~100 股	21	1 740	7.0	7.0	—	—
	100 股以上	10	2 050	8.2	8.2	—	—
	合　计	1 475	18 595	74.4	65.7	3.2	5.5
总计		1 498	25 000	100.0	91.3	3.2	5.5

资料来源：上海社科院经济研究所. 上海永安公司的产生、发展和改造 ［M］. 上海：上海人民出版社，1981：11.

在纺织行业中，家族凭借少量所有权实现对企业有效控制的民族资本还有大生纱厂，不过张家更多地利用了与官方的密切关系。虽然都是小股东控制，但大生的家族化过程则与永安纺织印染公司截然不同。一个具有代表性的例子就是大生纱厂的家族化[①]。

创办大生纱厂的末代状元张謇，既是绅商，也是官商，其给自己的定位并非单纯的实业家，而是"通官商之邮"的实业政治家，当然这是建立在其具有丰富社会资本的基础之上。但是，张謇在 40 岁中状元前只是一个落魄绅士，寄人篱下的幕僚而已，因此货币财富不多，后来支持袁世凯，并出任其政府农商总长兼全国水利局总裁，而无独立经营企业之经验。在这样的背景下，张家对企业的投资自然不可能太多，甚至经营能力也不可能太强，而后来辅佐张謇的三兄张詧虽然曾有经商经历，但更多的时间是官僚，直到 1902 年方辞去东乡知县，后来也屡入仕途。因而，张謇倡办大生纱厂之初并不为商界认可，故而在地方官府出面劝导、各董事四处游说的情况下，纵然中途撤换董事，历商办、官商合办，直至商领绅办，企业从政府得到好处越来越多的情况下，应者

---

① 大生纱厂的资料见《大生系统企业史》编写组. 大生系统企业史 ［M］. 南京：江苏古籍出版社. 南京：1990.

仍然寥寥。商业信用更是缺乏，向银行押款、向铁路公司借款都未能成功，甚至将大生纱厂出租都没人愿意接受。到 1899 年大生纱厂投入生产之后一月，商股实收 19.51 万两，其中占商股总数 21.48% 的 4.19 万两是官方掌握的地方公款。而可以明确股东身份的 10.72 万两中，经上司倡导实业劝谕和同僚游说之下的官僚投资比例超过 60%；比如官僚恽莘耘、恽次远兄弟的投资高达 3.15 万两，在商股中比例超过 16%，但从现有资料来看恽家并未干预过企业的经营管理。官僚的投资虽然不少，但由于其主要精力在于仕途，对企业经营并无兴趣，而企业一般不敢得罪官方，也不敢有负于官僚股东，甚至是官员的干股，这就使官员直接投资企业在晚清和民国政府时期非常普遍。这一方面助长了官商不分的风气，另一方面也确实让实业界尤其大企业获得了更多的货币资本，尤其在经济法律体系不健全的情况下，官员股东的庇护使这些企业大大降低了其交易成本。

此外，大生纱厂还有"团体及慈善捐赠"1.2 万两，而且其中不乏最初只是作为借款，后看企业经营状况良好才转为股份的。而大生纱厂的股东甚至只有三户入股，张謇本人不过 2 000 两，其中 700 两还是另一董事沈敬夫所垫，而沈可能与其有姻亲关系①。即便如此，张家股份仍然仅及商股的 1%，如果将官方机器作价 25 万两算上则还不到 0.5%。凭借这区区股份，张家之所以能将大生纱厂牢牢控制在手中，主要是因为与政府大员的密切关系，成了官方 25 万两的人格化代表，加上在私人投资中占绝对多数的官僚主要关心仕途，对企业经营管理缺乏兴趣，又比较信任张家，成就了张家对企业的绝对控制。而张家对后来大生系统其他企业的控制，除了与官方的密切关系外，大生系统经营成功带来的商业威望及各企业间的相互关联投资、资金往来则进一步加强了张家对企业的控制。

这种家族控制在中国有着根深蒂固的传统。近代大机器工业出现之后，传统的手工业部门并没有全部发展成为近代工业，而是出现了手工业与机器工业并存的局面。手工业的生产方式中工场手工业、包买主制手工业、小商品生产的城镇独立手工业以及农民家庭手工业同时并存。这种家族传统，在股份公司出现后，也体现在企业的家族控股特性上。

① 《大生系统企业史》编写组. 大生系统企业史 [M]. 南京：江苏古籍出版社，1990.

5.4 本章小结

如果所有权集中度是衡量股东权利实施情况的恰当指标，并且本章所提供的数据对于1900—1937年天津公司有代表性的话，我们可能看到股东权利保护情况在1920年之后变得更弱。这一时期的天津公司中，所有权集中度在1920年之前都是比较低的，但20世纪30年代之后都出现了上升趋势。历史发展有连续也有断裂，在我国公司法尚未进入准则主义阶段之前，洋务派企业体现出来的招股困难，也从侧面反映了投资者保护机制的缺失，于是我们看到，在更多时候，投资者倾向于寻找熟人、亲朋好友进行投资。这种趋势在出现专门保护股东权利的法律之后，仍然有着顽强的生命力。

1900年之后，第一部公司法诞生，从收集的公司股权结构资料上看，公司所有权集中度在20世纪30年代后出现了上升趋势，如何解释这种变化趋势呢？本书认为，首先，政府为了对大型公司进行干预，往往会占有一个公司中具备决定意义的股份数，这样，即使对表决权有限制但最终这一权利仍然集中在政府手中。其次，近代企业中家族化的情况十分明显，对于一个产权单位是家族而非个人的国家，股权更容易集中在同一个家族成员手中。

结合第三章对近代中国证券市场变动趋势的分析，我们看到，对投资者的保护与近代证券市场的发展几乎不存在直接联系。法律对投资者的保护在1927年之后变得更好，但以总市值为指标计算的证券市场规模却在1927—1931年出现下降趋势。同时，这一时期的所有权却更加集中了。从这一意义上说，对投资者权利的保护并不足以解释股票市场的发展。而正因如此，如果法律这一正式机制无法解释投资者保护程度以及金融市场发展，那么究竟是什么机制在投资者保护上起到替代性作用呢？在这个问题上，家族传统或许能为我们提供一些启发，这也是今后笔者需要进一步研究的方向。

6 破产立法和债权人保护

6.1 引言

本章从历史的视角研究企业债权人受保护的情况。本章的主要目的是验证两个主要理论假设。

第一，法金融理论假定，一个国家的法律体系决定了企业债权人的保护水平，也是决定一个国家债券市场发展的重要因素。根据这一假设，我们预期能在中国的破产法规中找到对应的债权人保护依据。近代中国的公司债券市场规模微乎其微，是否说明相关法规无法提供给债权人可置信的保护水平？由于这一假设涉及制度的持续性，如果认为债权人保护水平是恒定不便的，其逻辑启示是，在现实中我们不会观察到保护程度随着时间推移而发生变化。

第二，本章将以债权人保护为例，验证政治秩序决定投资者保护的理论假设。政治决定投资者保护理论认为，受企业家和劳工利益的影响，债权人权利会随着选举体系的改变而改变。我们期望能通过对历史的研究，发现债权人权利的变化可以被不同的政治集团利益变化解释。不过，这一理论本身存在着困境，持政治决定投资者权利保护的代表性学者们，如 Pagano 和 Volpin（2004），其研究是建立在西方民主选举制度的既定基础上的。只有以当代西方的竞争性民主体制为摹本，这些理论才能推论出不同政党代表的财团利益会因为政治竞争的结果而受到影响。很明显，正是因为在民主国家的制度假定下进行研究，才会有不同政党之间竞选的故事存在。而在现实生活中，这一理论在大多数发展中国家可能并不适用，特别是历史上民主政体还未确立时，替代不同政党之间竞选机制的可能是对政府的武装反抗、内战，以及政治剧变。结合近代中国的历史事实，笔者认为，政权更迭是一个可供选择的解释变量。

此外，按照法金融理论的思路，对一个国家公司债市场发展起关键作用的债权人保护条款能从该国的破产立法中找到。破产法对债权人权利保护的规定之所以重要，是因为在债务人破产时，债权人有依据得到优先赔偿，或者进一步控制公司资产，提名新的经理人。

当然，与此相关的破产程序也十分重要。若是破产程序花费成本过高，或者不确定性过大（最典型的情况是，没有人知道能从破产程序中得到什么），那么相关的金融合约，如公司债券，将会以很高的风险溢价来反映这种成本。高的风险溢价决定发行公司债的成本很高，从内部投资者的角度考虑，资本的成本是决定投资的一个重要因素。因此，降低破产程序的不确定性，就能降低风险溢价，从而降低资本成本。如何降低破产程序的不确定性呢？一个方法就是通过设立法规来对破产过程中的债权人权利进行清晰界定，并能够在实际中有效地执行这些规定。

破产法规的重要性还体现在它决定了出现破产危机时如何解决问题。例如，在出现普遍的经济危机或金融危机时，债务人无力还债可能会导致三角债的情况发生，因为债权人同时也有可能是债务人。最典型的例子可以在金融机构看到，银行接受存款并放出贷款，同时金融机构之间也存在拆借行为。如果破产法不保护债权人的利益，当借款方出现欺诈或违约现象时，贷款的回收将十分困难。这一困难又将使银行难以支付自身债权人的资金，也有可能引发经济领域的危机。

本章的研究结果与法金融理论的发现不同。该理论主要代表学者 LLSV（1997，1998）和拉-波塔，洛佩兹（2001）采用 1995 年 49 个国家的破产立法规制数据，研究了公司债权人在公司破产或无力偿债时的利益保护情况。其结论是，大陆法系的国家在债权人保护方面整体很薄弱。本章以近代中国案例为研究对象，采用与 LLSV（1998）相似的研究方法，结果证伪了法金融理论的这一论点。

LLSV（1998）对债权人权利的研究方法，类似其对股权研究的方法。为了归纳出世界范围内债权人保护的情况，他们加总了破产立法中有关债权人权利规定的数目，这个数目即债权人权利保护指数。他们认为，在 4 种主要法系中，主要有 4 类最基本的股东权利，因此，该指数的取值界于 1~4；包含了 3~4 种债权人权利规定的破产立法，其债权保护系数以 3 计。通过这一方法，他们分析了 1995 年世界各国的法律对债权人，特别是债券持有者的保护情况。

在本章中，笔者采用这一方法，首先，回溯了 1860—1940 年中国的破产立法情况，看破产立法中是否涉及对投资者基本的权利保护。其次，在整理立法史的基础上，笔者研究了债权人保护是否随着时间推移而有所变化，编制了近代中国债权人保护指数。最后，本书以比较的视角，对债权人保护的历史和现状，以及我国与其他国家的债权人保护情况进行了对比。

6.2 研究资料和方法说明

为了检验是否不同的法系和投资者保护之间存在不受时间变化影响的联系，本节对 1860—1949 年破产立法中关于投资者保护的条款进行了分析。为了对债权人权利保护的历史发展有全面了解，笔者对包含在 1904 年、1914 年、1929 年和 1945 年 4 部公司法以及 1906 年《破产律》、1915 年《破产法草案》、1935 年《破产法》中有关债权人保护的内容逐一进行整理。将《公司律》列入资料的原因是，在 1906 年清政府颁行《破产律》之前，在《公司律》中就有关于公司破产的规定。此后三次公司立法，都涉及破产清算的内容，故一并列入分析。

为了能对债权人的保护程度进行横向比较，此处仍采用 LLSV（1998）的分析方法。根据 LLSV（1998）的研究，债权人保护涉及以下几条，当一个国家的法律体系包含的这些条款数目越多时，我们就越倾向于观察到这个国家有着更大的债券市场。这些权利如下：

①最基本的权利，是在企业破产时取得附属担保品的权利。

②债权人有优先赔偿权。在许多国家，政府和员工通常比债权人有优先赔偿权。如果一个国家的法律不保证债权人优先受偿，很可能就会使公司获得投资变得更加艰难。因为投资者将会基于对未来的不确定性而期待一个高的溢价

额作为抵偿。

③企业重组或债务重组时仍然认可原来的债权人。如果经理人员有权重组企业或推迟偿债，特别是企业资金困难的时候，债权人将很难取得自己的资金。

④原有经理人在企业重组时必须更换。这一条款是为了保护债权人权利免受经理人的卸责行为或是腐败行为的侵害。一旦出现企业资不抵债的情况，债权人有权通过破产程序获得清偿。如果原来的经理留任，则很可能操纵破产程序使其有利于他们的利益。这一假设背后的逻辑是，如果企业由于经理人员的错误决策而破产，在重组的时候留任经理则有可能使其不惜一切代价来掩盖其过失。最终，对债权人的清偿则可能被拖延到企业重组之后。这个过程中的不确定性会降低人们购买公司债券的积极性，同时也会使银行不敢轻易借贷给企业。

根据 LLSV（1998）的研究方法，笔者对所研究时段中每次破产律修正所涉及的债权人权利数目进行加总，通过加总从而编制出债权人权利指数。由此才能将结果与已有研究中的债权人保护情况进行对比。对于不同的破产法演进，笔者试图解读出背后的政治经济原因。一些证据表明，破产立法的改变，与利益集团的利益变化紧密相关。

6.3 1860—1949 年的债权人权利

本节仍然围绕着法金融理论认为法律渊源决定了投资者保护程度的假设进行相关讨论。

在正式颁行破产律之前，1906 年的《公司律》中也对破产程序做了相关规定。到 1906 年，清政府颁行《破产律》，这是第一部有关破产的立法。这部法律几乎全部移植了大陆法系国家的成文法条款，从历史资料的记载来看，《破产律》先是经由商部大臣组织人手，对世界各国（主要参考日本、英美等国）以及国内商事习惯进行调查汇报后，再编撰而成。《破产律》一共九节，规定了破产处理的先后顺序：申请破产，选出新的董事以负责经营，债权人召开会议，对破产商号账目进行清点，偿还各债权人，对恶意破产的还专设一节来处理，最后呈请撤销破产立案，并另设有附则①。表 6.1 列出了历次破产法律中对债权人权利的保护情况。

表 6.1 破产法律中有关债权人权利的规定

破产法律或政令规定	1906 年	1915 年	1934 年	1935 年
取得企业担保品	1	1	1	1
债权人优先受偿权	0	0	0	0
债权人会议对重组的通过率	1	1	1	1
管理人员重组（破产宣告后由受托人经营公司）	0	0	0	0
债权人的权利指数	2	2	2	4

资料来源：1906 年的《破产律》全文见《东方杂志》1906 第 7 期；1914 年的《中华民国破产法草案》见谢振民编著的《中华人民共和国立法史》下册第 800 页；1934 年的《中华民国破产法草案》见梅汝璈编著的《新破产法草案之特征和理论》，又见梅小璈、范忠信选编的《梅汝璈法学文集》，第 254 页；1935 年的《中华民国破产法》全文见《法学丛刊·破产法专号》，1935 年 6 月第三卷第五、六两期合刊。

为了解 1945 年之前破产法律对债权人的保护程度如何，我们可以将其与今天的不同国家对债权人的保护进行对比。如果 1860—1937 年，债权人权利保护指数的平均水平在 3 以上，则说明这一保护程度高于世界上大多数国家。表 6.2 列出了这项比较。

债权人权利保护的历史变化，提出了一个关于投资者保护周期变化的问题。从我们研究的案例来看，中国如何从一个 1915 年债权人权利保护指数为 2 的国家变为 1945 年的 0？答案十分简单，1949 年之后的国家政府，更多地需要工人阶层的支持，而人民当家做主，即意味着立法上给予其更多的权利。对劳工的保护措施包含着对破产立法的改变，这些变化对商业的持续经营更为有利，而非对债权人的保护有利。

表 6.2 近代中国与世界各国或地区的债权人保护比较

国家或地区	担保品取回权	优先受偿	重组决定权	更换主要经理人	指数
1906—1937 年的中国	1	未查见	未查见	未查见	未查见

① 1906 年《破产律》，全文见《东方杂志》1906 年第 7 期。

表6.2(续)

国家或地区	担保品取回权	优先受偿	重组决定权	更换主要经理人	指数
新西兰、泰国	1	0	1	1	3
德国、丹麦	1	1	1	0	3
日本、乌克兰	0	1	0	1	2
智利、意大利、尼德兰	0	1	1	0	2
中国台湾、保加利亚	1	1	0	0	2
阿根廷、瑞士、芬兰	0	1	0	0	1
澳大利亚、加拿大、以色列、美国	0	1	0	0	1
法国、墨西哥	0	0	0	0	0

资料来源：表 6.1，LLSV（1998：表4）。

注：其他国家和地区的债权人权利保护指数取值时间为 1995 年。

6.4　破产惯行与立法变化

在近代破产法颁定之前的古代律法中，还未曾见到过法律对于破产清偿程序的相关规定。这与中国的财产权利一般都是由家庭所有而非个人所有有一定关系。父债子还，欠债必清，是民间习惯和历朝历代认可的传统。传统中国涉及破产纠纷的资料，以钱债纠纷居多。商号或个人，因为破产或其他原因欠债不还者，有被地方官吏监押拘捕的例证。也有对不依契约之规定如期履行债务者，强制其归还债务的例子，一般都交由地方官府办理。如唐律规定：债务人违契不偿，债权人可以在债务额范围内自行扣押债务人财产，但必须告官司来听断。如不经官司而自行扣押超过债务数额的，以盗窃论处。清律也禁止债权人未经官府允许而自行扣押债务人财产。至于以人抵偿债务，自唐以后官方一直下令禁止，但也有发生①。可见，在传统的破产惯行中，以人或其他财务抵债也是有例可循的。在传统的破产清理过程中，这些民事习惯常常作为社会生活的一种行为规范，在法律执行无法到达的地方，一直发挥着重要的作用。

---

① 潘晓霞. 论近代中国传统金融破产清理机制之转型［J］. 中国近代史，2009（1）：58-61.

涉及具体的法律法规，在清代的法律体系中，并未将民法、刑法、行政法等区分为不同的法律体系，在大清律例中《户律》就较接近近代的民法体系，其中与工商经济较有关的部分为《户律》的《钱债》《市廛》两部分①。因此这两部分也常是地方官员处理民商事纠纷的法律依据。而涉及商业破产案件时，当地官厅一般根据习惯进行处理。1899年，上海出现过商人假借开设公司行铺之名倒骗存款的案例。这一情况呈报到上海商务局之后，商务局恳请两江总督进行处理，并将处理意见上报至朝廷。这份处理意见虽然未能以立法的形式留存，但却建议类似案件都应该按照京师钱局或公司的例子治罪。该意见大略为：钱局或公司开设时，必须上报官府以留案底。并且要有同类商号五年的联名互保。当经营不善倒闭时，如果发生如此案所列的侵吞债权人款项的做法，由当地官员监禁后查封债务人家产、房产以清还账款。对于清偿债务超过期限的，对债务人会处以肉体刑罚，具体根据欠额大小来制定处罚条款；对于以破产之名有心倒骗钱财的，按照盗窃罪论处，轻则发配边疆，并继续追赔偿，还将在债务人家属名下一直追偿债款。同时，对于五年互保的商号中有一方倒闭之时，对于所欠银钱："勒令互保均匀给限代发免治其罪；仍咨行本犯原籍，于家属名下追偿。如互保不愿代发，或限代发未完，拘拿到案，照准窃盗为从律减一等，杖一百，流三年……其有虚设别项行铺，侵蚀商民各款，情节相似者，亦即照此办理。"②

从以上材料可以看出，对钱债纠纷的处置，很大程度上都带着刑罚的色彩。并且，即便奏折这样建议，我们也很难知道当时在办案执行时，以何为根据来进行破产清理。因为在晚清时期，并没有专门的破产法律或规定来处理这类债务纠纷。据梅汝璈的记载，更多的是依据当地的商事习惯，或者求助于商会、地方衙门的力量进行调解③。不过，随着社会经济条件的变化，晚清开始的"收回利权"运动中，一系列近代商事立法得以出现，其中重要的一项便是《破产律》的颁行。

---

① 邱澎生. 当法律遇上经济：明清中国的商业法律 [M]. 台北：台北五南图书出版有限公司，2008.

② 刘坤一著《刘坤一遗集·奏疏》（卷31）。

③ 梅汝璈. 破产法草案各问题之检讨 [M] //梅小璈，范忠信. 梅汝璈法学文集. 北京：中国政法大学出版社，2007：222.

《破产律》的条款中，第一条和第八条的规定最有特色，即强调了商会在破产程序中的重要作用。申请破产的商人或者商号，必须首先将情况报送到当地商会和官员，商会或官厅将负责组织专业人员对情况进行核查，如果呈报属实，则同意并宣告该商号破产。此后，商会负责为其指定破产清理人，负责组织核实破产方财产数量，拟定债务清偿办法，召集债权人商讨各方权益等。然后，征得各方债权人同意之后破产处理过程可以宣告结束，并提交商会上报地方官厅，最后向公众宣告。

到了北洋政府时期，法律编查委员会聘请日本法学专家松岗义正来华参与破产立法。1915 年，根据松岗起草的草案，法律编查委员会最后拟定了一共330 条的破产法草案。该草案与晚清时期的《破产律》相比，最明显的不同是专门对破产管理人和监察人设立了章节说明，具体在草案的第一百二十四条至一百二十八条，以及第三百二十三条中规定。地方法院组织各方债权人召开债权人会议，选举出破产监察人；地方官厅在接到破产申请之后为申请方指定财产管理人。监察人受债权人委托，监督财产管理人。由于大量参考了日本破产法，北洋政府的破产法草案也采纳了破产免责和强制和解制度。在债权人获得最后清偿之前，破产申请者都能要求和解，但也都须当地官厅批准。我们看到，传统商会在债务纠纷处理中的重要作用在该草案里杳无踪迹，取而代之的是地方法院，具体规定可见该案第一百一十一条，第一百五十二条，第一百四十条等①。南京政府成立之前，大理院援用该草案进行判例的记载屈指可数②。高等法院也多按照破产惯行进行处置。而具体涉及债权人权利在实际执行中受到的保护情况，债务清偿权在两部立法中一直存在，即使是根据当地商事习惯进行处理，破产后的财产清算一直是法条最重要的内容。

国民政府成立后，司法行政部于 1934 年开始编订《破产法草案》。对其内容的详尽程度，当时的法律学家都认为过多规定有可能和中国地方的商事习惯相冲突，并不适合采用。如法学家梅汝璈在后来评价破产法草案初稿时，对这部草案的评价并不高。他认为虽然破产法草案法条详细，达到三百多条，但在实际执行时却不符合商事习惯。梅汝璈甚至把《破产法草案》和北洋政府时期

---

① 吴经熊. 袖珍六法全书 [M]. 上海：上海法学编译社，1935：619.
② 陈计南. 破产法论 [M]. 台北：三民书局，1992：25.

的破产法相比较，认为二者在法条涵盖方面的庞杂不相上下。由于 1935 年《破产法》参考的主要对象是德日两国当时施行的法条，两个国家在 1930 年的经济发展水平已远比同期的中国高，所以南京政府对纸面法条的移植，不考虑中国传统的商事习惯以及当时高等法院的判案经验，未能照拂当时商情也是必然后果。

1935 年，南京政府颁布《破产法》，纸面共一百三十五条规定。根据该法，破产程序分为和解申请和破产申请。其一，在向法院提出破产申请前，先提出和解申请。申请和解，可以由法院或者地方商会来进行，商会在处理商事纠纷中的作用由此可见一斑。对商会的作用，1935 年的《破产法》在第四十一条对和解进行了明确界定："商人不能清偿债务者在有破产申请前得向当地商会请求和解。"第六条规定，"而（商会）和解不成立者，则不得向法院提出驳回和解"，而是申请破产。第七条则明确规定了如何申请和解。最基本的一点，申请人应将债权债务情况整理成册，列出债权人名单，同时提交具体的和解办法；对于债务清偿方法，须有担保。第十一条规定，法院或者商会同意和解申请之后，应为申请方委派监督人，并将昭告和解的主要经过，具体到各负责人的详细信息。与破产不同，进行和解时，债务人可以继续经营业务，但经营状况必须由商会或地厅指定的人员监督管理。

根据 1935 年的《破产法》，债权人具有知情权，"对已知债权人，应将申请人所提出和解方案之缮本一并送达之"（见第十二条）；出席债权人会议的权利，在召开债权人会议时，债权人无论债权数额大小，均应出席会议。"破产法之二十七条之债权人会议，除无债权人出席时应变更期日外，不问出席债权人若干，及其所代表之债权额之若干，均应开会。"债权人会议以监督人为主席，和解条件由双方自由磋商。若和解被债权人会议否决，则由监督人报告法院之后，由法院认定成立或有异议。当法院驳回和解申请或不认可和解时，监督人依据职权可宣告债务人破产。对于债权人不服和解裁定的，可自裁定或决议之日起 10 日内向法院提出异议（见第三十五条）。对于债权会议决议是否通过，不仅需要有一半以上的债权人同意，如果未出席债权人会议的人数所代表的债权达到总额半数，则可以视为和解不能成立（见第三十条）①。

1935年的《破产法》，有一个强有力的变化是强制指定了破产管理人。破产程序涉及破产管理人指定，一般法院会选择会计师和律师一类具备专业知识的人员作为破产管理人。以上海为例，会计师王海帆被指定为破产管理人，参加了多起破产案的实施。破产管理人主要职责为协助破产清算的进行，一旦宣告破产，破产管理人将接管债权人移交的全部财产以及与财产相关的一切文件，同时请求召开债权人会议，确定破产清偿顺序。对于破产管理人的职责义务以及监督机制，《破产法》做了详尽的规定。《破产法》第八十六条规定："破产管理人应以善良管理人之注意，执行其职务。"第八十七条规定："破产人经破产管理人之请求，应即提出财产状况说明书及其债权人、债务人清册。前项说明书，应开列破产人一切财产之性质及所在地。"

在台湾地区，1935年的《破产法》颁行之后，仅有几次局部修订而一直沿用至今。

综上，历史数据整理的结果表明，1860—1945年，我国的债权人保护水平并不像人们普遍认为的那么薄弱。而与此相关的悖论则是，中国的公司债市场却裹足不前。究竟是法金融理论的假设本身有问题，还是法律执行情况太差而导致这种结果呢？本书认为，债权人保护与法金融理论认为的资本市场发展并无直接关系。债券市场发展，产权安全只是其中一个因素，实际上更多地依赖于人们对债券的投资需求。

---

① "若无出席债权人过半数之同意，或离有之而其所代表之债权额未达无担保总债权额三分之二者，其和解即因经债权人会议否决而不成立。"见《六法全书》，第1139页。

7 债权人保护的实施效果

7.1 引言

本章运用历史上有记载的破产案例资料，就 1860—1937 年债权人权利的实施效果进行探讨。研究的主要目的是厘清债权人在破产过程中受到的保护程度如何。

本章使用的例子，也用来验证是否早期的制度会对后期的制度安排产生持久影响，即所谓路径依赖现象是否会发生。本章的核心论点是，法律对债权人保护的措施，会随着历史发展而发生变化。而决定这种变化的一个重要因素是利益集团的利益持续性。

如前一章所描述，对债权人保护的纸面立法在南京政府时期已经十分完善。但是，研究发展中国家的法律时，应当注意的是，探讨这些纸面立法的实际实施效果是必要的。例如，根据 LLSV（1998）的研究，在 1995 年的埃及、厄瓜多尔以及印度尼西亚，法律条款都十分倾向于保护债权人，但却少有证据表明，这些法律最后是否真正落到实处。

为研究投资者法律保护的实施情况，经济学家的通常做法是设计出法律效力指数来进行衡量①。这些指数衡量的是投资者对一个国家主要商业领域的评

---

① LA PORTAR, LOPEZ-DE-SILANES F, SHLEIFER A, et al. Law and finance [J]. Journal of Political Economy, 1998, 106（6）：1124，表 1.

估，诸如：

①司法体系的效率。这一指标衡量的是法律体系的有效性和整合程度，这会影响到商业活动特别是一个国家外资企业商业经营活动的开展。

②法制水平，用来衡量法律和政令的传统如何。

③腐败水平，即衡量是否需要对高级官员给予特殊赔偿，或是以贿赂的形式来取得进出口许可证、税收优惠、政治庇护等。

④被剥夺的风险。

⑤政府对合约的否定，用以衡量政府执行合约的可置信度。

仔细推敲，以上五项中没有一项权利与投资者权利保护的实施直接相关。实际上，以上多项衡量措施，从普遍意义上说，都不是对产权实施情况的完美衡量。

在本章中，笔者提出的一个替代性方法是，只有通过对档案资料中的破产案例进行具体研究，才能了解到现实中债权人权利保护施行情况如何。如果仅仅是根据以上抽象出来的衡量方法，而不是通过对实际中的案例（如地方审判厅判案，商会档案中记录的破产情况处理）进行研究，我们又如何能得知实际中破产立法的施行情况呢？只有对这些判案进行系统研究，我们才有可能从中抽象出经理人员、股东、债权人以及法官抑或调节人员、仲裁人员的一般行为。

本书在已有史料的基础上，尽可能地搜集了档案资料中记载的破产案例，通过对这些案例的研究，笔者发现在民国时期，债权人权利其实得到了有效实施。对企业破产的处理记载，也能在当时的报纸杂志上看到，特别涉及较大的破产案例时，常有系列的跟踪报道出现。而商会档案中记载的破产案例，也为我们了解破产案在现实中是如何执行的提供了线索。对于企业破产情况，近代经济史中缺乏系统的破产案例资料。对于此，我们分别选取晚清时期、北洋政府时期以及南京政府时期的破产案例进行分析，试图对晚清以来企业破产程序、债权人保护情况做一定的了解。就笔者整理的资料来看，破产记载零散地分布在各地商会档案、大理院判例、民国时期河北高等法院档案和民国时期报刊资料中。另外，有关债权人权利保护，《各省审判厅判牍》（钱债门）也有所记载。相比之下，商会的破产记录涉及年代较早，晚清时期就有案可查；而民国时期高等法院档案分布在全国各处，河北省档案馆藏有河北高等法院档案，起止时间为 1913—1949 年，按民事、刑事、行政分类，共计 101 993 卷，主要是 1936—1949 年河北高等法院在履行二审、三审、抗告、声请、嘱托等有关法律程序时所产生的文书档案和诉讼档案。民事案件档案主要包括以下几个方面的原始资料：土地、房屋、婚姻、继承、赡养、债务、赔偿、字据、合同公证以及执行等。另外，天津档案馆也保存了一部分河北高等法院档案，有 4 万余卷；北京市档案馆还有一部分河北高等法院档案的资料。在四川省档案馆则藏有四川高等法院档案，共 15 万卷；江苏省档案馆的江苏高等法院档案，12 万卷有余。

从笔者收集到的史料来看，在破产案件发生时，债权人的权利通常受到重视，传统的破产机制其重点就在于清理债务；而到了南京国民政府时期，由于破产立法中采取了强制和解规范，破产实施重点在于和解和破产两种，后者又涉及债权人对倒闭企业的重组经营等。本章收集的案例都表明，一旦企业呈报了破产申请，通过商会及地厅的查证之后，债权人能够控制住企业，债权人大会可以即刻替换经理人，通过清算重组获得赔偿。我们看到，尽管这一时期的破产程序并不完善，一般其过程会拖延一年有余，但仍然体现出了法规对于债权人的保护。

7.2　商会背景下的破产程序

1904 年近代公司立法进入准则主义阶段以来，《公司律》对破产情况有了规定。如第一百二十条规定：凡公司遇有"股东会议决不办""股本亏蚀过半""公司期满""股东不及七人"等情况时即为停闭。但对于公司资产不足以抵偿其债务时如何处理，则全无规定。由于当时（1904 年）公司法初立之时，对于公司保护过多，"立法者盖因鉴当时情势，防官吏之干涉，致商民受其苛暴；又因呈报破产为商民所不愿，恐徒托空言，故不为此等规定"。此时虽公司股东规定以有限责任，但财产出入则互不相抵，股东借口图赖，而债权人之受害自此无穷。

对于这样的事实，我们也能从历史资料中找到相关记载。清档案就记载了光绪三十一年四月的时候，清朝商部的一份奏折称："现今市面日紧……奸商倒欠之案愈出愈奇。嗣后遇有商人词讼……并查照光绪二十五年刑部议复两浙总督奸商倒骗定例治罪成案办理。"①

由于缺乏专门的法律规定，当此类案件发生之时，我们看到法律介入的情况不多，一方面也体现了晚清政府对商业采取的宽松政策，另一方面也体现了政府对商会依赖和放任的态度。从前一章的论述中可以看出，由商会按照当地惯行处理的债务纠纷，最重视的债权人权利是债务清偿权。而对于其他各项权利（如是否能召开债权人会议，控制住破产企业等），在政治混乱的时代背景下，历朝历代多有变动，但我们看到，即使在传统惯行和商会处理的背景下，政府仍然在立法上有所推进。

20世纪早期，清政府在决心制定商律以"收回利权"之后，对当时日渐增多的钱债纠纷现象通过颁行《破产律》以应对之。一共九节的《破产律》规定了破产处理的先后顺序：申请破产，选出新的董事以负责经营，债权人召开会议，对破产商号账目进行清点，偿还各债权人，对恶意破产的还专设一节来处理，最后呈请撤销破产立案，并另设有附则。《破产律》说明破产需向所在官厅呈报，但从实际操作中看，商会设立之后，商会成为重要的破产机构。破产呈报必先通过商会。选举董事，以督导破产过程相关清算事务；在此基础上召开债主会议，清算账目并议定财产处分计划。针对日益增多的倒骗现象，还专设了"有心倒骗"一节，以便作为依据。

有关债权人权利的规定则备受争议。对于债权人的优先受偿权，《破产律》第四十条认为债权人受偿一律平等。而商部则认为，债权人的受偿权利，外国洋款为先，其次为政府款项，最后才是普通商人受偿。这样的争议使得《破产律》很难在实际中有效施行，故《破产律》颁行不久，由于争议甚多，清政府于1908年明令废止了《破产律》。

这一时期的破产案件，多交由商会从中协调解决。其中最有代表性的案例是1907年影响范围波及全国的东盛和破产案。有关东盛和破产倒闭的情况，以日本人办的《盛京时报》对其记载最为系统，相关记载有167条，内容涵盖倒闭案对外埠及营口外商的影响，各级官府采取的应对措施以及对案件的调查及审理情况等。根据笔者所见材料，有对东盛和倒闭案的处理做如下记载：

---

① 中国第一历史档案馆所藏清档案录副奏折，光绪三十一年第54~61号。

"（官商赴津磋商赎产）营口东盛和亏欠道胜银行债目甚巨，所有财产契卷抵押。该行自闭歇以后酌议倒案拨借官款按成照付，维持市面，但拨借官款若无确切产业作押，断难照发。经官商迭次与道胜银行洋东某君核议，减价赎产虽蒙允诺，终未定议。自沈观察赴天津后并未提议，月之十四日，沈观察来电着商会总理偕同道胜行洋东迅速赴津共议赎产事宜。十六日，商会总理潘玉田特派协理李君序园偕同道胜行洋东乘京榆铁路赶赴天津磋商一切。谅沈观察即在天津与该行核议不日定有头绪庶营口领借官款可屈指以待矣。"①

这段材料中，提及商会总理潘玉田特派协理李序园前往天津共商处理事宜，说明商会在当时重大倒闭案件的处理过程中仍然处在核心位置。不仅是东盛和的破产案在商会背景下进行处理，即便在一般商事纠纷的处理中商会也居于核心地位，对于商会在纠纷调解中的作用，笔者将在下一节结合案例详细说明。即使随着纸面立法的完善，商会的调解地位一直未被削弱。因此，在商会背景下的破产程序，也是中国传统破解调解的一个部分。

北洋政府时期，《公司条例》将公司解散专门立为七项，其中就"破产"有专门规定（第二百一十三条）。不仅如此，北洋政府时期商事立法更进一步，法律委员会在修订法律馆松岗义正调查员草拟的《破产法草案》基础上进行修订，以备实施。但该部法律由于内容过于冗长，又十分理想化，与中国商事习惯不尽相符，所以一直未能得到实施。

到南京政府成立初，由于没有破产法，法院对各类破产案件的处理十分困难。面对这种状况，实业部、司法行政部起草了《商人债务清理暂行条例》，行政院修正通过后，于 1934 年 10 月 22 日公布实施，但鉴于当时已经开始起草《破产法草案》，故该条例也仅作为草案的参考。1935 年南京政府颁行《破产法》，纸面共 135 条规定。根据这部法律，企业在申请破产前，必须向当地商会请求和解，若和解不成立，则向法院申请破产。如第四十一条规定，"商人不能清偿债务者在有破产申请前得向当地商会请求和解"。即提请破产之前，须得向商会或法院提出和解申请。第六条规定，"而（商会）和解不成立者，则不得向法院提出和解"，而是申请破产。和解申请经许可后，法院应指定推事一人为监督人，并选会计师或当地商会所推举之人员或其他适合人员为监督

① 原文见 1908 年 3 月 21 日的《盛京时报》，标点符号为笔者所加。

辅助人（第十一条）。公告和解申请要旨，具体到"监督人之姓名、监督辅助人之姓名、住址及进行和解之地点"。

但作为一个法律移植国家，法律条文与当地的商事习惯之间是否适应调和？这些法条在具体实施中效果如何？以下就档案资料中记载的破产案例，具体分析这些法律条款在实际中的应用情况。

7.3　晚清以来的破产案例分析

前文就晚清以来的破产规定做了简要回顾。但这些纸面法条的具体实施情况如何呢？为解决这个问题，我们选择了不同历史时期典型的破产案例进行说明，以明确纸面立法是否能够对债权人权利提供有力保护。受资料范围限制，此处收集到的破产案件，主要集中于几次金融风潮中倒闭的银钱类企业。笔者希望能通过这些案件的处置，对破产程序的执行情况做一个了解。

7.3.1　晚清破产执行程序：结合巴县档案的考察

在晚清修律颁行破产律之前，一方面由于重农抑商，另一方面缺乏修民律的传统，故尚无对破产情况的专门规定。如《大清律例》多以刑律为主，对商法几乎全无规定。那么当民间出现破产纠纷时，以何为凭据进行处理呢？

1883 年的阜康票号倒闭案为我们认识这一时期的破产债权人权利保护提供了例证。阜康票号为大商人胡雪岩所设，胡于 1883 年 11 月在丝茧投机中失利后引发挤兑，由于该票号欠款数额甚巨，涉及官款数量很大，宣告停闭后，当地官府第一步下令封查票号，"现在阜康商号闭歇，亏欠公项及各处存款，为数甚巨，该号商江西候补道胡光墉，着先行革职，即着左宗棠饬提该员严行追究，勒令将亏欠各处公私款项，赶紧逐一清理。倘敢延不完缴，即行从重治罪"①。第二步，追查债务人之财产，清理之后将胡雪岩的财产、其他典当行暂时查封估值。第三步，要求号东迅速筹措资金偿还欠款以清账目②。

---

① 中国人民银行上海市分行. 上海钱庄史料 [M]. 上海：上海人民出版社，1960：49.
② 见 1883 年 12 月 26 日《申报》。

从这则例子中，我们可以看到，对于破产事项，一般经由查封号东、停业清理、处理债务和债务人三个步骤。潘晓霞的研究也佐证了这一点[1]。她认为，晚清以来出现的破产案件，主要过程在于停闭经营并清理财产，其程序主要包括三个步骤：第一，对商号查封停业，即将停业视为进行清理的前提。第二，对破产商号进行账目清查，此举清理财产并且清偿债务是其主要目的。第三，处理债务和债务人。对于破产倒闭时不同债权人的处理情况，我们从一份奏折中可以看出大致端倪：

"窃近年以来，京城及各省商埠之银号、票庄，如东盛和、三怡、正元、裕谦、兆康、原丰润等纷纷倒闭，公私亏欠多或千余两，少亦数百万，甚至一号庄倒闭，而大小钱铺从风而靡者数十家。……各该号东伙等常有先运其资本于别处，倒闭未及数月，即在他埠另开新号者；又有倒闭后阴遣号伙到各处以折价收买关门票者。鬼蜮行为直成骗局，市面为之扰乱，人心为之动摇。官吏清理倒号之案，大案先洋款、官款，其余存款商欠一概置之不问……"[2]

结合另一则大约在同一时期的历史材料，我们能看到更多有意思的现象。这是在1911年1月23日，一家名叫"永益成"的商号，在周转不灵的情况下，其87家债户要求将其改为公司以保护债权。商号执事向商会禀告了相关事项：

"窃商号永益成，前以周转不灵，据情陈请保护，随开欠内欠外清单附呈备档，并请派员监查架本及个人产业……至于多数债主欲为权宜保全，改作公司，相应自行订章存案。为此据实陈明商务总会宪绅统核抵债值数，还请众债主议抵，以免拖欠而结积欠，是为公德两便。上禀。"[3]

像这一类"改为公司"的申请，在商会档案中并不鲜见。苏州商会档案中就记载了一起金箔业发生纠纷时当事人设立公司的例子。这起诉讼案从光绪三十一年持续到三十三年（1905年10月至1907年10月），耗时两年多，被告为"贴金箔"的"张金作"业者，原告为"金线作"业者。涉案双方最后交由苏州商务总会调停，在调停过程中，双方各自加入商会并筹设"公司"，虽然双方最后接受商会调解，但很快和解协议被破坏，双方再次相互指控，最终以各

---

① 潘晓霞. 论近代中国传统金融破产清理机制之转型 [J]. 中国近代史, 2009 (1): 58-61.

② 见军录货币金融专题, 御史陈善同奏折, 宣统三年五月二十四日.

③ 天津商会档案会编 (1903—1911) [M]. 天津: 天津人民出版社, 1987: 722.

自退出商会告终①。

在上一节中提到的营口东盛和倒闭案，其中该号涉及桂阳债款案的议结办法，也体现了晚清以来破产处理的一般程序。在查封东盛和的各地分号后，仍然是对其债务情况进行清理。此处提及的桂阳债款案，债权方为东盛和，债务方为怡昌泰、荣新行，处理结果是"由荣新行交净银七万五千两，交还东盛和缴还债案"②。而另一债务人怡昌泰的存营货款，则经由商会摊还各债户。有意思的是，该案处理过程中，不仅商会从中协理，还牵涉到诉讼至官厅的处理方法。该案处理后，得出五条处理意见交由债权人会议进行全体讨论，认可签字后即生效。

此外，我们从清代巴县档案中也发现了相关的破产判例，兹引一则进行分析：

案一，晋记表行倒闭买办赵晋卿欠款逃匿德商礼和洋行禀请押追等情卷③。

该破产案发生在宣统二年（1910 年）四月，重庆礼和洋行称该洋行的经理人赵晋卿"欺哄欠款甚巨"，巡警道调查后发现，该经理人是晋记表行掌柜赵忠孝的族弟，而该表行是自主经营而非代售礼和洋行的货物；并且，赵晋卿的确存在欺骗行为，但是案发之后此人逃跑，官府只得先将保人冯仲牧捉拿归案。官府在审讯冯仲牧的过程中得知，他与赵晋卿并不认识。

据礼和洋行称，该行聘请赵晋卿为经理人后，听闻该人手中拮据，就让赵晋卿归还所欠该洋行的款项。但是，赵晋卿屡次推搪并伪造银票，并将洋行的货物抵还了所欠恒记钱庄的款项。四月十七日，洋行将该经理辞退，但是在追还欠款时，发现赵晋卿的保单均系伪造，且保人冯仲牧并不回复该洋行的信函。

而据赵晋卿供述，他于光绪三十四年自上海来重庆充当礼和洋行买办，经理钟表等杂货，并设立晋记分行。礼和洋行的东家高德令他在四川省内各处设立共十一处晋记分庄，但"生意虽有利益悉归总行享受，各庄用费浩繁则由职挪垫"，后来，高又将晋记存款悉数盘去，才使得他挪用洋行款项，但是官府

① 章开沅，等. 苏州商会档案丛编：第一辑［M］. 武汉：华中师范大学出版社，1991：576-589.
② 见《桂阳货款案议结办法》. 东盛和债案报告，卷十二，第 69 页。
③ 巴县档案，四川省档案馆藏. 清 6-54-00725，卷轴号：5 外交。

认为赵晋卿在狡辩。此后，重庆商务总会职商陈陶仿、冯相君、李芎皋等人愿意以"田契一张值银叁千壹百两，治平寺庵内房契壹张值银壹千叁百叁拾两"为冯仲牧作保，保证他不逃走。

从案子的处理过程可以看出，地方政府和商会在商业纠纷处理中有良好的互动，当破产纠纷案例呈递到地方政府时，政府的处理结合了地方的商事习惯。

从以上的案子也可以看出，晚清时期的商事纠纷，由于没有法律可凭据，债权人的权利并没有得到有力保障。一方面，在破产清理时，债权人能很快控制住债务人并进行破产清理；另一方面，当债权人涉及政府机构时，一般债权人的权利难以与之平等。而商民"成立公司"，实为力图以《公司律》中对公司停闭的规定为据，从而保护自己权利。但这种对"公司"的理解与运用，实际上与清政府鼓励设立公司的初衷没有太大关系。不过，从涉案各方试图成立公司来看，政府制定的《公司律》已获得利用，这是事实。总体上看，整个司法体系仍然是在官僚制度下运行的，距离以法律为依据对债务纠纷中债权人权利进行保护还有一段距离。

当然，在处理破产纠纷时，清代以来地方政府也面临着一些特殊形势。例如，破产纠纷如果涉及中国投资者和外国洋行，此时地方政府的态度就很值得玩味。笔者有幸在巴县档案中发现了这样的一个案例，以下稍做整理供读者参考。

巴县档案的案卷中记载了光绪三十三年九月至十二月中国商人和外国洋行之间的一起商业纠纷。

案二，京绶帮职商张义生禀控信义昌洋行管事违义霸独收两仪货银恳唤追卷①。

这个案件发生在光绪三十三年（1907 年）。这个案件中，张义生等为法国义昌洋行购买货物，先行垫款，并与洋行约定待收付货款之后结算。但由于购买周期较长，出现洋行收货款之后拒不抵付的现象。此案诉至官府之后，法总领事、商务总局均参与了审案过程。而地方官的态度非常有趣，法领事援引治外法权阻止地方官介入该案，但地方官却同样从法律规定中找出法领事借口的破绽，使得中国官府介入这个案件成为理所当然，而四川省商务局也提出依

① 巴县档案，四川省档案馆藏。分类号：清 6-32-02424，卷轴号：22 外交。

据《破产律》来处理这一纠纷。从中可以看出两个问题：第一，在与外国商人和政治势力的长期接触之中，中国官员也渐渐熟悉西方人处理问题的方式，尤其是开始十分有技巧地使用各种法律规定与外国人斡旋，这使得中国官府和商人在华洋商务纠纷中逐渐占据了更多的主动权。第二，当时地方官在处理华洋商务纠纷时并不是一味地压制华商，谄媚洋商。他们以非常大的力度帮助洋商解决一些纠纷实际上是为了避免外交摩擦。对于一些熟悉相关法律规定，又具有责任心的官员来说，一旦他们有机会，仍然会为中国商人争取应得的利益。

7.3.2 北洋政府时期的破产执行

20 世纪初，受金融风潮的影响，市面上许多营业的票号受到牵连，面临破产。代表性的如义善源票号（破产清理时间为 1911 年 3 月到 8 月），时《申报》《大公报》对此均有连续报道，清《民政部档案》（卷号 1509-876）也有所记载。另一起民国时期重大的破产事件为日升昌票号破产案，由于该案涉及面广，处理时间长，有关其破产清理与后期改营钱庄都留下了大量的档案资料记载，其处理办法也颇具代表性，故此处将日升昌票号破产案件作为典型案例加以分析，以期对这一时期破产案件的处理能有一个完善的了解。

日升昌票号是山西票号史上的一个典型，其总部设于平遥，分号则遍布全国各地。当时，北京分号与同为山西票号的合盛元北京分号互相作保，合盛元倒闭之后号东潜逃，日升昌票号因此牵涉其间。北京分号的两名经理人闻讯后也于 1914 年农历九月出逃。为此，债权人苏锡锦、白常文、姚世侃等及债权商铺将日升昌票号起诉至京师地方行政厅，并请天津商会（当地分号）立案。由于该案牵涉面广，在京师地方审判厅很快于同年 10 月 31 日报送司法部后，司法部即电告山西高等审判厅及山西巡抚，并转饬平遥县知事，将日升昌票号东家李五峰、李五典扣押，并派遣了警务对号东的不动产和日升昌票号进行看管。在日升昌票号方面，原副经理梁怀文虽辞号年余，但由于日升昌票号总经理郭斗楠和分号经理候桓仍下落不明，乃由梁怀文出面处理相关号务①。

此案发生后，应先厘清参与理案的各方。在京师地厅给平遥知县的函件中有部分记载阐明了这个问题："严饬该号东派员来京清理，……唯按照破产通

---

① 晋省日升昌票号倒闭之种种详情 [N]. 大公报，1915-1-23.

例，所有破产之宣告，管财人之选定，破产人财产之调查，债权之扣押，债权人声明债种之通告，凡关于京师一面应有之程序，自应由该厅先行酌量办理，以期迅速。"①

这则函件中，有三个方面的表述值得注意。第一，交代了理案各方分别为司法部、（转由）农商部、京师地方审判厅、平遥地方行政机构（知县）、平遥商会以及各地帮理的商会。第二，该案处理的时间在 1915 年，此时还未有成文的破产法对债权人权利进行保护，由司法部拟定破产办法。这一办法在函文中提到要"唯按照破产通例"，并在后文列出了惯常处理程序，即破产之宣告，管财人之选定，破产人财产之调查，债之扣押，债权人声明债务种类的通告，并且整个程序要迅速进行。第三，在实际执行中，京师地方审判厅将全案移交至商会办理，原日升昌票号副经理梁怀文赴京协助办理号务之后，在商会的协助下很快召开了债权人会议，"专为研讨此案"②。此处所讲之破产惯例，也是部分参照各国破产通例及我国草案规定，债权人会议就处理程序达成了一致意见，要求破产宣告、管财人选定等"均当详甚布置，依序进行"③。

1915 年 1 月，由债权人会议拟定的破产方案得到了司法部的认可，并指定了具体负责机构，京师地厅、山西地方审判厅以及其他相关地方审判厅一并处理此案，制定出详细的破产清理方案。要求各分号所在地的地方审判厅派出专业人员出任推事，专门负责破产清理，并且要求各地厅通告债权人，在一个月内清理出债权数目并上交各种款项收付折据。最后归总到京师地方审判厅，并与当地分号的财产股价总额进行对照，核定数目偿还各债权人。这一处理办法拟定之后，司法部即于 1 月 24 日专饬农商部，并要求各地商会按此办法进行办理。

在整个破产处理过程中，日升昌票号的债权人团体对控制破产进程一直起着决定作用。就在破产清理进行了两个月之后，由于清理效果不佳，赵润生等京师债权人希望通过暂免破产，仍然经营来偿还债款，于是向当地总商会联名呈文，希望京师总商会能将意见报送至地方审判厅批准。京师地方审判厅和司

7　债权人保护的实施效果

---

① 《日升昌票号破产之近情》见 1915 年 1 月 16 日《申报》。
② 《晋省日升昌倒闭之种种详情》见 1915 年 1 月 23 日《大公报》。
③ 日升昌清理登报卷，天津商会档案（业务类），1914 年，卷号 135。

法部于 1915 年 3 月 21 日正式批准暂免破产执行①。1915 年 5 月 12 日，农商部颁布了调查办法，对债权人利益，"普通债权人不得主张有限制权或特别利益"②，即是说，各债权人权利一律平等。并将此调查办法转到各关联方，即债权不存在优先受偿的情况。

在暂免破产清理并继续营业以归还债务后，京师债权团和监察员再次召开会议商讨此破产处理的效果。债权人会议经过集体讨论，撤销破产的提议最终得到众人公允。对于不在当地的债权人，多经由商会从中征求意见，最后汇总到司法部。在债权人无异议的情况下，也就是开始破产处理后的第七年，司法部正式撤销了原日升昌票号的破产宣告，并与 1922 年 9 月，准许该号复业。

从日升昌票号的破产案例中可以看到，债权人有效地组织了债权人会议，并控制了破产票号的财产；同时，处理过程中，债权人大会及专门的监察员参与了整个破产处理过程。从 1905 年宣告破产到 1922 年票号复业，我们看到，在商会、债权人大会、司法部的参与之下，破产清理程序的执行是十分有效的。

7.3.3　南京政府时期的破产执行

1935 年，南京政府为了规范经济生活中日渐增多的商事破产案件处理程序，借鉴世界各国破产法规之后，于同年 7 月颁布了《破产法》。该法从文本上看，主要集中在"破产"和"调解"两个方面。从初步整理的档案资料来看，《破产法》施行之后，1935—1943 年，天津一地向当地高等法院就商事破产一事上诉的案件众多，笔者选取部分资料列于表 7.1。

从破产案例资料范围来看，涉及个人不服原有破产裁定而提出抗告的例子占多数，对于企业破产案例的处置还较为少见。提出抗告的多是由于强制实行破产。而根据 1935 年颁布的《破产法》，一个最大的变化莫过于将"和解"纳入破产程序中。比之此前的破产处理，这一规定既保护了债权人的利益，又更加符合中国商情。鉴于"和解"条款的独特性，下文将专门以案例分析之。

---

① 司法部民国四年三月二十一日批文，日升昌清理登报卷，天津商会档案（业务类），1914 年，卷号 135。

② 司法部民国四年三月二十一日批文，日升昌清理登报卷，天津商会档案（业务类），1914 年，卷号 135。

表 7.1　天津一地破产案件举例

案卷号	年份	案件内容	处理机构
J0044-2-051560	1940	河北高法天津分院函送张靳氏等请求偿还债款确认抵押权成立及请求履行登记义务案卷证由案	河北省高等法院天津分院
J0044-2-051572	1940	河北高等法院为李立志堂与苑伯章等确认股东案再请传讯孙千里等函复由案	河北省高等法院
J0044-2-002988	1939	郭凤仪破产后拒绝交账	天津地方法院及检察处
J0044-2-043861	1939	边希韶破产管理人杜鸿翰等八人债务	天津地方法院及检察处
J0044-2-002983	1939	孙学洲等破产财团管理人律师王作哲请领契纸	天津地方法院及检察处
J0044-2-044079	1939	边希韶破产管理人杜鸿翰宝兴纸行宋元奎宋鸿任务	天津地方法院及检察处
J0044-2-044083	1939	明华银行天津分行破产财团杨曾询颐和园松记大饭店孙子清马鸿藻欠租	明华银行天津分行
J0044-2-044178	1939	边希韶破产管理人杜鸿翰张玉堂等十二债务	天津地方法院及检察处
J0044-2-045189	1939	大中银行袁日新元太和等十人破产	天津地方法院及检察处
J0044-2-045376	1939	边希韶破产管理人杜鸿翰振业号许振明等七人债务	天津地方法院及检察处
J0043-2-020968	1939	同兴泰孙衡久破产	河北省高等法院天津分院及检察处
J0043-2-021087	1940	边希韶破产财团杜鸿翰恩发祥等五人债务	河北省高等法院天津分院及检察处
J0043-2-021594	1941	玉生和庞金声债款宣告破产抗告	河北省高等法院天津分院及检察处
J0043-2-021995	1941	崔占鳌为声请破产不服津地院裁定具状抗告	河北省高等法院天津分院及检察处
J0043-2-023989	1943	万盛永油庄因与林记油行声请破产事件不服原裁定提起抗告	河北省高等法院天津分院及检察处
J0043-2-024731	1944	林记油行因声请破产事件对于原裁定不服提起抗告	河北省高等法院天津分院及检察处
J0043-2-028104	1948	郭山民张承绪宣告破产案请求废弃原裁定	河北省高等法院天津分院及检察处

资料来源：笔者根据天津档案馆档案资料目录编制。

7　债权人保护的实施效果

案例一，关于王裔之等诉鸿余培记染织厂宣告破产案①。申请人王裔之，

---

① 上海档案馆. 民国上海地方法院档案. 全宗号 Q185-3-16742。

因为鸿余培记染织厂欠款不偿，于是向地方法院起诉申请该染织厂宣告破产，强行执行债务。但法院经审查认为，"本案债务人不能清偿债务这，债权人始得申请为破产之宣告"。但在本例中，由于"债权人要求甚低，和解商有希望，债务人在江北还有不少财产等语，是该债务人尚非不能清偿其债务已极"。因此，申请对债务人宣告破产被法院驳回。这个案例说明，在有和解可能时，法院判案皆以和解为优先处置方式。

案例二，宝成银号破产宣告案。该案的大略如下：宝成银号的股东王钧山于1935年6月宣告歇业，对银号个存户的债款一概停止支付。此后，银号的相关债权人组成债权团，推选出监察人，并与王钧山签订和解契约。契约规定，股东王钧山之所有个人财产，应由监察人进行核查，同时拟定了宝成银号复业相关事宜，以及偿还各债权人款项的方法。案本呈送至当地商会以及社会局。1937年2月，宝成银号复业仅十个月后无力支付亏空，再次停业。虽然在这段时间内，宝成银号就小额的债务进行过少数支付，但根据债权团呈报的债权债务名单，王钧山核定的财产与所欠债款差距甚大。称"抗告代理人王钧山外欠四十余万元，其内欠及所有财产不过十万余元"，而对于债务人的偿债能力也很难界定，为此，宝成银号的债权团申请宣告银号破产①。根据档案资料记载，河北高等法院民事庭以这一事实为由，许可宝成债权团申请宣告银号破产的请求。

从这个案例的资料记载来看，在破产过程中，和解是首先考虑的处理办法。而债权团在其间的作用，从北洋政府时期以来也一直处于核心地位。除此之外，河北省高等法院档案中还记载了其他对破产案的处理，以聚盛源银号就河北省银行声请法院宣告其破产一事提出上诉为例，该银号于1936年10月和1937年7月两次提起上诉。对于第一次上诉，河北省高等法院按照《破产法》第五条裁定为宣告抗告成立。档案记载了河北省高等法院的案例陈列理由。

1935年的《破产法》对于破产做了明确规定，在债务人无力偿还其债务时，方可申请宣告破产。在本案件中，河北省高等法院认为，停止支付的事实并不等于无力偿还债款，以此作为破产原因并不成立。据档案资料记载，河北省高等法院的判决如下："债权人河北银行北平分行及张冠甲等十七人以抗告

---

① 河北省档案馆. 民国时期高等法院档案. 卷宗号：634~2~1351。

人拖欠该债权人共计十万零一千四百余元现已停止支付为原因，声请宣告其破产。抗告人就其停止支付一节固无争执，唯本年九月二十八日原法院命行言词辩论时，抗告人之代理人曾称东家徐伯荣在各埠具有商号，清偿聚盛源外欠加倍有余云云。其同月三十日提出之书状亦载有欠外不过数十万元，欠内尚有百万元以上。唯抗告人曰过提出确证以证实其主张，则停止支付之事实即不能为破产之原因，抗告人声明求废弃原裁定非无理由。"① 其后，1937 年 7 月，河北省高等法院又根据《破产法》第五条裁定聚盛源银号抗告无理由。判例书云："……查抗告人自停止支付以来已历三载，……如有自利全是可供清偿之用不应历久停止支付，"并以此认定聚盛源号已经不具备清偿能力，从而"据上论本件抗告为无理由"②。

我们从当时《申报》刊登的一些破产声明中也能看出破产法执行的情况。1936 年，上海通易信托公司申请破产，最高法院指定破产管理人之后召开了债权人会议，同时，也将此案报给上海市政府，希望社会局派员协助调查，并维护债权人利益。同时由于此案涉及众多储户，财政部对破产案件执行还专门做了批示，责令该公司在停业清理期间，所有公司管理层人员均不得擅自离开上海。《申报》对此进行了专门报道，摘录如下：

"财政部昨批答储蓄存户索赔团云：二十五年七月十三日呈一件为通易信托公司违法清理，仰祈令饬该公司董事监察人，限期负责、连带清偿、以利民生。……查该通易信托公司停业清理，迭经本部函请上海市政府，转饬社会局从严监督，并派员彻查，以维债权人利益，至储蓄存款，关系平民生计尤巨。并经以该公司兼办储蓄，依照储蓄银行法第十五条之规定，董事监察人应负连带债还责任，现在该公司既经停业清理，在清理期间内，所有董事、监察人、总经理、经理及其他负责人，应即依法切实负责，并不得擅离各该总分公司所在地，令饬该公司遵照，勿以得故违干究在案。仰即知照 此批。"③

同时期《申报》等各大报刊对破产声明的刊登非常之多。例如 1937 年申报刊登的一则江苏省高等法院关于协昌玻璃厂破产和解的判案④。

① 河北省档案馆，民国时期高等法院档案，卷宗号：634~1~1428。
② 河北省档案馆，民国时期高等法院档案，卷宗号：634~2~1283。
③ 见 1936 年 8 月 13 日《申报》。
④ 见 1937 年 9 月 7 日《申报》。

"查本院受理民国二十六年度破字第二号协昌玻璃厂维记股份有限公司清算人王寿安律师依破产法声请和解一案，声请人即债务人欠人债务约计十一万零九百七十三元三角六分，而资产仅约值七万元显已不能清偿其债务，业经本院许可和解在案，兹将本院所指定监督人之姓名，与本院所选任监督辅助人之姓名住址，及进行和解之地点，暨申报债权期间，以及债权人会议日期，分别列后，除已知之债权人，及声请人，另以通知书送达外，合行公告周知。仰各债权人务于后开申报债权期间内，带同证明文件，前往进行和解地点，申报债权，并于债权人会议期日，准时参加会议，勿得自悮，特此公告。"

以上判案虽然不能反映出当时社会关于破产执行的全部状况，但能给我们揭示上海这样的商业和金融中心城市，在民国时期典型破产清理的过程。由以上判案可以看出，南京政府颁行《破产法》之后，对于上诉到高等法院的破产案，法院判决中明确指出依据了《破产法》的相关条文。债权人的权利，也从法院的裁决中得到了保护。

7.4　本章小结

在前文涉及的几个案例中，我们看到，民国之前的破产程序执行，主要以破产清理为主，其目的是停业清产以偿还债务。这种情况在北洋政府时期出现了变化，简单的停业清产开始向暂免破产、复业重组变化（如日升昌票号的清理）。在近代中国，商会一直是十分重要的破产机构。债权人权利通过商会、地方审判厅以及地方政府，在民国时期都得到较好的保护。在整个重组过程中，债权人能迅速召开会议，议定新的经理人员，保证自身权利。他们通常都参与整个破产过程，商会或地厅做出决断时仍需要征得债权人的同意。

在南京国民政府成立之前，商会在破产清理的过程中起到了关键作用。破产宣告之后，清理程序一般都交由当地商会办理，在一些牵动利益较大的案例中（如日升昌票号破产案、义善源破产案）才专门设立了清理处进行清理，破产机关一般由地方政府、农商部充当。南京国民政府成立之后，高等法院在破产纠纷中的作用日益显著。随着南京政府对商会的控制加强，在立法上也将商会和解纳入了《破产法草案》。不过，商会在强制和解中仍然处于关键地位。

1935 年《破产法》颁行之后，高等法院在破产债权的执行上力度更大，高等法院档案中对于和解不服的判决，以及对破产的宣告，都表明该法的执行是有力的。就破产管理人而言，先是董事，再是破产管财人，最后是破产管理人；就债权人会议而言，先是债主会议，再是债权者会议，最后是债权人会议；就强制和解而言，先是清偿展限，再是强制和解，最后才是协调。1949 年 2 月，随着国民政府的溃败，国民党六法全书及一切法律皆被废止，此后接近六十年时间里，我国一直没有专门的破产立法出现。直到 2006 年，新中国的第一部破产法才得以颁布，破产债权的执行在很大程度上也仍然受传统惯行的影响。

8 | # 企业组织形式选择和投资者保护

8.1 企业组织形式选择的历史背景

本书第四章到第七章分析了投资者（主要是商号、企业的所有人和债权人）权利受到法条保护的程度，那么，法律所规定的不同企业组织形式，是否会给投资者提供不同的法律保护呢？近代以来企业家对公司组织形式的选择结果表明，大多数的企业家偏好采用合伙而非股份公司的组织形式，这一选择是否足以成为理解近代金融市场不发展的重要原因？不同的企业组织形式实质上反映了不同的投资者保护程度，本章试图从这个角度对企业组织形式的选择进行分析。

一般而言，企业组织形式与所在的行业有密切联系，一些需要大型资金投入的行业（典型的例如化工业、交通运输业）一般会采取股份公司的形式。不过在近代中国，四川自贡的盐业生产体系却是一个不同的案例。盐的生产从开凿盐井、蒸馏到市场流通，需要大量的资金支持，根据钱德勒对企业组织形式发展的预期，这样的工业企业应该选择股份公司的形式，然而我们观察到的是，在自贡盐场，很多商人都选择了一种相对较为复杂的契约合伙制形式。盐井的合伙人起草了复杂的合伙契约，这种情况一直到设立股份制结构很简单的时候仍然持续。自贡盐井的例子支撑了我们所关心的更广泛的现象：在公司法通过数十年后，合伙制仍然得到了持续和广泛的沿用。当然，在这期间股份制形式也被大量企业采纳，但它并没有像人们预料的那样在 20 世纪末占有显著的优势。

由于股份制和合伙制两者的应用都相当广泛，认为股份制是对合伙制的历史改进，但将它们视为完全互补几乎没有意义。诚然，股份制形式的主要优势之一就是在这一组织形式下运转的企业可以在股票市场上筹集资金。募集资金的能力对某些需要大量资本的企业（例如铁路公司）的成功至关重要。但在 19 世纪，很少有股份制企业公开销售证券，或将他们的股票在交易所挂牌出售。

如果再考虑到企业的内部管理，与企业组织形式选择相关的权衡甚至会更加明显。在任何一家企业的经理人不能完全彻底地拥有这家企业时，管理的问题都会凸显出来。著名的荣氏兄弟工业帝国（主要是棉纺织厂及面粉厂）"注册成众多的无限责任公司，这是因为荣宗敬不想让外界干涉其经营公司的方式"①。假定大多数的个体都拥有有限的财富和信贷，很多的企业都必然有不止一个所有者，结果就是他们必然面临着各种各样的交易成本。只有在理想化的世界里，无论选择哪种组织形式，商人们都可以拟定出复杂的、可以使他们规避掉所有交易成本的合同。然而，即使这样的合同真实存在，企业家们也不会采取有效的管理规定。很多学者的论文中提到，信息不对称可能会导致企业创始人有意选择并不合适的管理安排。事实上，真实世界中存在的、企业不能通过合同来轻易逃避的问题还很多。其中包括了经理人会有努力工作使某项工作成功完成的激励，股东有监督公司管理活动的动机；如果出现战略上的冲突，股东可能会有把资金撤出公司的想法，以及限制大多数的企业所有者和经理人的控制力和他们企图获取私利的行为②。

本章研究的基本假设是：与合伙制相比，股份制组织结构可以更加有效地为企业（除了某些行业或一些例外的企业）控制以上提到的各类交易成本。德姆塞茨和阿尔钦在他们 1972 年关于企业的开创性研究中详细解释了以下三点内容：合伙人的管理所导致的无效率、每个管理者在管理中各尽所能的激励减

---

① WILLIAM C K. China, unincorporated: company law and business enterprise in twentieth century China [J]. Journal of Asian Studies, 1995 (2): 43-63.

② 对这些问题的讨论，见 BEBCHUK, LUCIAN ARYE. Asymmetric information and the choice of corporate arrangements [M]. Harvard Law School Discussion Paper, 2002: 398.

少以及相对的监管无效。他们假定，股份制对公司结构的分层机制是可以有效激励大家更加努力的，而且经理人总是自信地做出投资决策，就好像他们是整个公司的所有者一样①。

这些关于股份制的假定明显是有问题的。尽管股份制公司的管理的确是以授权的方式进行的，但不可否认，它仍然是一个由多人所有的公司。因此股份制企业的经理人所面临的激励问题与个人所有的企业必然是不同的。实际上，目前有关股份制企业管理问题的文献数量迅速增加，而德姆塞茨和阿尔钦所探讨的正是这些问题的核心：使股份制公司中股东和经理人之间，股东内部的不同派系之间的矛盾冲突更加显而易见。对于某些学者来说，解决股东和经理人之间的利益不一致的方法就是大宗有价证券持有者强化对公司的监管，而且他们会十分自觉地做到这一点。因为大股东愿意使用自己对企业的控制力来获取私人利益，而且他们会一直想方设法增加自己的收益，不惜以其他股东的利益作为代价，除非他们几乎拥有整个公司。这是一个很严峻的问题，因为企业的经营许可一般由某一特定群体，如股东中的部分人（使用双层股票结构或者特殊的投票方案）或者职业经理人（通过股东权益计划或分期分级董事会）掌控，结果，控制权很可能由只拥有企业小部分产权的人操纵，而且他们完全有能力来为自己牟取私利。

这些关于股份制企业管理的问题已经深深地扎根于企业组织形式的法律史当中。对于商业来说，股份制形式的存在原本只是为了解决合伙制形式所面临的关键问题：盈利的企业由于合伙人撤资突然解散的可能性②。从法律意义上来说，如果任意一个合伙人去世或者决定从企业撤资，那么这家企业必然会解散。尽管有一系列的法律设定可以把一个合伙人撤资所带来的损失限制到最小，但这样的安排都会带有很高的不确定性③。此外，当公司的合伙人众多时，这个问题还会尤其麻烦，因为随着合伙人人数的增加，纠纷发生的可能性也在

---

① ALCHIAN A A, DEMSETZ H. Production, information costs, and economic organization [J]. American Economic Review, 1972, 12 (62): 777-95.

② 近来关于这个论点的较为有说服力的说明，可参见 BLAIR, MARGARET M. Locking in capital: what corporate law achieved for business organizers in the nineteenth century [J]. UCLA Law Review, 2003, 12 (51): 387-455.

③ 如果有合伙人退出，且其余合伙人不愿买入撤资者留下的股票或者企业面临债务危机时，企业持有的资产有可能会被出售，剩下的合伙人会面临很高的潜在财务风险。

增大。

相较于合伙制，股份制企业就可以解决企业不定时解散的问题，因为股份制企业是与股东的身份无关的、独立存在的法人。通过抛售持有股票的形式，股东可以从企业撤资，但他们不能迫使企业退还他们的投资，也没有权力代表这个企业。股份制企业的日常运转由公司成员定期及时选举的公司高层以及董事会来操控。尽管从理论上来说，企业的高层和董事会成员需要按照股东的意愿行事，由于替换管理层需要有大量的股份支持（通常是一半或者一半以上），股东经常会发现管理层并不容易被罢免。

管理层获取私利的能力就这样被隐藏在了股份制企业的最核心部位。根据收集到的公司章程信息，我们发现更严重的问题是，任何拥有一半或一半以上的公司股份的个人（或者任何由个人组成的、愿意行动一致的团体）有权利要求管理层做他所要求的事情。因此用规章制度约束管理层的问题很容易就演变成了用规章制度来约束更有控制力的股东的问题。在合伙制企业中，少数不满的股东可以迫使企业解散，但在股份制企业中他们却没有这样的权利。结果，不管最终决策权属于谁，有控制力的股东都几乎不会考虑到企业其他成员的利益，甚至剥夺少数人的收益。

由此看来，合伙制和公司制都有着各自的成本和收益，而在特定的历史条件下，企业家如何在这种成本和收益之间做出权衡则是我们要关心的问题。

8.2 企业组织形式选择的基本假设和历史实证分析

为了描绘 19 世纪晚期到 20 世纪早期法律规定下商人的选择行为，我们提出以下假设：①商人们只能采取两种可能的组织形式：股份制和合伙制；②合伙制企业中的合伙人之间可能会有企业解散的问题，但是在股份制企业中不会；③在股份制企业中，多数权益股东是企业的控制者并且可以影响少数权益股东的利益，但在合伙制企业中不会；④合伙制中用于缓和争端的附属契约以及股份制企业中少数人被剥夺权益的问题是不重要、不能强制执行的。

第一个假设和中国的情况十分吻合。在洋务运动之前，合伙制是企业家普遍选择的一种组织形式。尽管 1904 年《公司律》给出了合资公司、合资有限公司、股份公司以及股份有限公司这四种组织形式，但事实上，仅仅是这种限定责任的能力也能将新的行业规则与商号过去的组织方式区分开来。合资公司被定义为："系二人或二人以上集资营业，共取一名号者。"由于没有限定责任，所以该法要求一个或两个最大股东对公司负责。如果投资者明确声明，他们的责任仅限于其投入公司资金的数量，那么合资公司就变成了合资有限公司①。法律上承认的合资公司与股份公司之间的主要差异，在于后者的合伙人数量，这与英国的惯例相符，必须为 7 人或更多。尽管该法并没有涉及合资公司的合伙者如何协作，但是有关股份公司及股份有限公司的条款却规定了股票的公开报价、推选股东代表核实股票认购以及公司在新成立的商部中注册这几个方面的细则，所有此类规定都是新式的。《公司律》的其余条款涉及了股东的权利及职责、对股东负责的董事会的建立、查账规章、董事会议以及账目②。就各类公司在商部注册而言，这并没有多大差别。注册的唯一要求是提交一份声明，此声明应包含业务的类型、股票的数量及价值、股东的联络方式、公司总号所在位置、创办人及审查者的姓名与住址、公司终结的时间。

第二个假设主要讲的是合伙制会受不定时解散问题（untimely dissolution）的困扰，但股份制不会。晚清以来的法律也能支撑这一点。在一般法律下，合伙企业不是法人，而且只能依附于合伙人的意愿存在。只要合伙人认为自己的伙伴不值得信任或者存在不明智的追逐经营战略，他就可以从公司中退出，强制公司解散。相反，股份制企业则是法人，而且绝不会依靠发起人的持续参与而存在，它们只有在大多数股东赞成时才能解散。

第三个假设指出了不同组织形式企业的所有者干预公司事务的能力各不相同。任何合伙制的参与者都可以以公司的名义行动；但在股份制企业，只有股东选举出来的董事成员可以干涉公司运转或者分配公司的资源。在清代，法律规定和实际情况不谋而合，推动了股份制企业中每股一票、多数决定管理原则的诞生，使拥有足够多股份的股东决定管理者的选举。尽管这种管理结构可以

---

① WILLIAMS E T. Recent Chinese legislation relating to commercial, railway and mining enterprises. [J]. Massachusertts Institute of Technology, 2006.

② 最后的条款亦反映了中国公司的实际。总经理打理公司的日常业务，每年账簿的核查由董事会而不是全体股东大会负责。此核查包括公司账目的核对以及每年的业务总结、分红提案及公司全部股份的清算。

防止股东间的意见不一致而导致的企业运转失灵或不适时解散，但也会潜在地使少数权益股东被剥削。控股股东有多种渠道使公司的收入向自己倾斜。最普遍的做法是，选举自己成为管理者并开出高工资，在不存在过分欺诈的情况下，并不会有商会或者政府愿意出面干涉或调停。

可以假定，在中国这样商业惯行重于法律的国家中，股份制和合伙制这两种组织形式的缺陷通过私下契约是相对容易消除的。商人们也确实进行过这类尝试，但他们拟定的合同通常很难实施。因此第四个假设就是一个合理的近似。以合伙制中的不定时解散问题为例，以巴县档案的记载为例，尽管合伙人可以提前约定在某一特定时期截止前不解散公司，但当这些合伙人之间实际发生争执时，地方商会并不会主动介入执行这样的合同。事实上，一些商会担心关于解散限制自身可能是致命的，竟然宣称解散合伙制企业的意愿是不能被合同限定的。与此同时，关于可能减少纠纷的合同也通常是不能执行的。例如，尽管合伙人们常常以公司的名义签署合同，用以限制一人或者更多人的能力并控制债务，但这些合同款项并没有涉及未被正式通知的第三方。尽管有时某个合伙人会寻求股份的强制措施来对抗反对这类合同的公司成员，但这种补救办法与强制公司解散并无差别。

可以看出，模型的四个假设基本抓住了 19 世纪后期和 20 世纪前期的中国商人面临的组织形式选择特征。为了检验模型与经验数据的匹配程度，最好的方法莫过于构建包含不同地区企业组织形式信息的历史数据库，并在此基础上进行回归分析。此处，我们试图用数据检验模型的主要内涵——合伙制和股份制是互补的组织形式，与股份制是比合伙制更优的替代观点相反。若后者所提观点正确，我们会发现资本密集型的产业以及规模经济的企业大多为股份制。更普遍地，我们发现在股份制企业占大多数的产业中，很少有合伙制企业；反之亦然。

由于全国性的企业档案资料构建还有待时日，我们使用刘大钧领衔的 1933年中国国民政府对 17 个省份 2 400 家工厂的调查资料进行分析，该调查包括江苏、浙江、安徽、四川、湖北、福建、广东、广西、江西、湖南、河北等 17个省份的大多数县，列入调查的 2 400 家工厂中，994 家为合资企业，占41.42%；682 家为公司（有限责任公司），占 28.42%；561 家为独资，占

23.38%；163 家为政府所有并由政府经营，占 6.79%①。

由于我们缺乏工业之外其他产业的调查信息，因此在县—产业一级的数据上无法计算组织形式选择的产业差异，这将是今后拓展研究的一个方向。

总体而言，在 20 世纪，股份制企业的数量相对于合伙制企业是增加的。我们可以结合世界上其他国家的企业发展历程来辅证这一事实。例如在美国，在 20 世纪末，整体经济中股份制和合伙制的比例为 2.5：1，在制造部门，这一比例超过了 8：1。而在中国，到 20 世纪早期，可以发现在某些产业中某种组织形式是绝对占优的。最明显的就是零售业和批发贸易业，其中大多数企业都是合伙制。因为这些企业的资产大多数是相对流动的存货，不定时解散的成本是比较低的。进一步讲，合伙人们的行动会趋同，因而监管既是有价值的，其成本相对而言也是低的。数据反映了这样一种情形：企业在决定选择何种组织形式时，技术是一个很关键的因素。在洋务运动之后的半个多世纪中，政府劝业时仍然鼓励商人们成立股份公司。在各行各业的公司中，最常见的形式是采取多种组织形式。

这些有限的历史经验告诉我们，清代以来的法律体系的不同似乎并没有在企业的决策中起到很重要的作用。在经济活动的很多领域，即使是在股份制已经广泛可行的时期，合伙制仍然很受企业欢迎。产业间对于合伙制相对于其他组织形式的采用有着系统性的区别——这些不同似乎与不定时解散的相对成本和少数压迫这些因素有关。再者，产业内的组织形式选择都是不均匀的，这表明企业中个人的特征与组织形式选择相关。为了进一步说明中国近代企业组织形式的决定因素，我们在下一节内容中深入分析晚清以来的法律传统和一些历史案例。

8.3 近代公司法和企业组织形式选择

通常认为，在公司法确立之前，合伙制是企业家普遍选择的一种组织形式，中国企业的发展历史也不例外，但就公司法和中国近代企业的发展，已有

---

① 方流芳. 中国合伙制 [J]. 法律与当代问题，1989 (52)：43-67.

的研究还十分有限。哈佛大学教授威廉·柯比阐述了中国从设立第一部近代意义上的公司法以来，公司法规变动对企业发展的作用非常有限。1904年清政府颁布的以西方为摹本的第一部公司法，尽管以促进经济发展和保护中国企业同西方企业公平竞争为目标，但实质上更多服务于加强清政府对晚清社会控制的目的。近代公司制度的移入，并未如所预见的那样加强私人经济领域发展，仅仅有很小一部分的企业在商部注册成为公司①。显然，中国商人并不钟情于公司这一组织形式，而仍然采取了传统的合伙或者家族经营的方式作为商业组织形式。

科大卫也注意到1904年的公司法的作用，即"中国政府终于承认了公司法人和有限责任"②。尽管最大的商人还像以前那样，依靠自己及其家庭的资金，同时也得到一小群合伙人的资助。但他同时还观察到，采取"公司"这一组织形式，对于商人来说，意味着接受在一个开放的市场上筹集资金，而这一点直至进入民国时期还没有做到。

类似以上的论述中无疑都隐藏了这样一个假设，即"公司"是更具有优势的组织形式。这个假设在企业史研究中十分常见，其思想最早源于钱德勒的企业史研究，即认为只有现代公司这一组织形式才能够支持现在经济增长要求的资本深化（特别是当生产规模扩大而对企业固定资本需求不断增大时）。而"公司"出现之前最主要的组织形式——合伙制，普遍认为它很难为企业长期发展提供资金支持，因为合伙人中任意一方的退出都会导致企业不定时解散。按照这个逻辑，当近代公司法颁布之后，为什么商人们不转向近代公司这一组织形式自然成了无法解释的现象。

对此，柯比认为，由于中国的商业组织大都以家族资金组织运营，对公众和政府关注的惧怕演变为对"公司"这一新式组织形式的不信任，这是导致企业非公司化的主要原因。另有学者则从公司治理的角度出发解释了为什么1904年的《公司律》最后会失败。他们的解释基于两个假说：一是由于《公司律》无法将所有权和控制权从经理人（特别是公司创始时得到政府庇护的经理人）手中转移到股东手里；二是政治局势不稳定与近代资本市场发展的滞后，使得

① KIRBY W C. China unincorporated: company law and business enterprise in twentieth-century China [J]. The Journal of Asian studies, 1995, 54 (1): 32-55.

② 科大卫. 公司法与近代商号的出现 [J]. 中国经济史研究, 2005 (1): 57-66.

公司发展也非常迟缓①。美国学者曾小萍对自贡盐业的研究为这一观点提供了经验证据②。她发现，持续增加的征税压力以及连续不断的战争，完全不鼓励企业家们进行20世纪初那样的横向或者纵向合并，反而促使20世纪二三十年代的企业家们更多地利用手中资金组织专业化的投资生产。

纵观以上具有代表性的论述，对于中国近代企业发展中组织形式选择的问题的研究其实游离于企业组织理论发展之外。较早时期的研究都认为，公司制度是一种有优势的组织形式，其最大的优势在于能够提供所有者保护，即当企业破产时，只需要所有者负担有限责任，这一特点鼓励了公司的发展。究竟不同的企业组织形式是否会影响到对投资者的保护呢？这些企业组织形式又由什么来决定？以下我们结合中国历史上的公司立法来讨论可供企业家选择的组织形式。

8.3.1 1904—1946 年的四部公司法及对企业组织形式的影响

晚清以来随着国门洞开，公司制度移入中国。在《公司律》颁行之前，公司设立主要是向地方衙门和中央朝廷申请呈报，然后由朝廷批准，允许其营业。在19世纪下半期，几乎所有的商办、官督商办股份企业都是这样设立的③。光绪二十八年（1902年）二月，光绪帝正式发布修订专律的谕旨，指出"近来地利日兴，商务日广，如矿律、路律、商律等，皆应妥议专条"，同时谕令出使大臣，查取各国通行律例，咨送外务部。1904年1月21日，《公司律》奏准颁行，成为历史上第一部专门的公司法规。

清政府颁行《公司律》的主要动因是鸦片战争之后，国门洞开，外国人对华的投资事务日渐增多，一方面，为了应对外国政府一再要求清政府修订商律

① 对中国历史上公司治理问题的讨论，见 ELISABETH K，WILLIAM N G. The history of corporate ownership in China：state patronage，company legislation，and the issue of control ［M］//RANDALL K，MORCK . A history of corporate governance around the world：family business groups to professional managers. Chicago：The University of Chicago Press，National Bureau of Economic Research series，2005.

② 曾小萍，冯永明. 近代中国早期的公司 ［J］. 清史研究，2008（4）：63-80.

③ 当时的许多企业，虽无公司之名，但业已是类似公司的企业组织。如1872年设立的轮船招商局，采用了发行股票、制定企业章程等现代股份有限公司的基本做法。《北华捷报》称："事实上，从某些方面看，招商局、中国电报局、上海机器织布局等均为公司，只不过它们均在李鸿章控制和指导下运作。"《北华捷报》1887年9月24日。

以保护在华经商的外国公司之压力；另一方面，也希望能借此保护与外国人进行商战并实现"收回利权"的本国公司。商部在奏拟《公司律》提出的立法说明时强调："筹办各项公司，力祛日下涣散之弊，庶商务日有起色，不至坐失利权，则公司条例亟应县委妥订，俾商人有所遵循，而臣部遇事维持、设法保护，亦可按照定章核办。"[①]

　　1904 年的《公司律》共 131 条，分 11 节，为公司设立和经营运作提供了法律规范。《公司律》首次出台，以翻译和照搬国外成文法国家法条为主，在具体细节方面欠缺考虑。股东权利方面，《公司律》第三十三条、第四十四到第五十三条、第五十六到第六十一条都有规定。主要涉及股东对公司信息的知情权（第四十五条到第四十七条）、股东议决权的考量。第五十条规定，占公司总股本十分之一以上股东（一人或者多人）"有事欲议"，即可知照董事局众股东举行特别会议。但"必须将会议事项及缘由逐一申明，如公司董事局不于十五日内照办，该股东可禀由商部核准，自行招集众股东会议"。该律第一百条还对大股东的股权进行了限制，在涉及股东在股东大会上的议决权，规定了"有一股者得一议决之权"，而对于拥有十股以上的股东，公司亦可预定章程，酌定其议决权数。但总的来看，法律对几项关键的股东权利还是提供了相应保护。

　　《公司律》的实际影响，一直持续到北洋政府时期。1912 年 3 月 10 日袁世凯在北京就任临时大总统，并通令对前清各项法令除与民国政体抵触者外，"均暂行援用，以资遵行"[②]。这样，《公司律》仍然是指导与规范公司运作的基本法规。北洋政府最初设立的农林、工商、交通、财政等部，在审批公司注册申请时，均遵循该律。即使在处理公司内外纠纷、诉讼时，《公司律》仍是主要依据。张謇出任农商总长之后，北洋政府修订新公司法的步伐大大加快。新的《公司条例》于 1914 年 1 月 13 日颁布，这部吸收了晚清法制改革结晶的法令，在法理规范、社会功能诸多方面，都较《公司律》更为规范。原《公司律》仅一百三十一条，虽在第一节就规定了公司种类，但从第二节开始，主要内容为对股份有限公司的规定。而对其他各类公司的设立、经营缺乏规定。

　　① 《大清法规大全》第 6 册，第 3021 页。
　　② 周康燮. 中华民国史事日志：第 1 册［M］. 香港：大东图书公司，1981：11.

《公司条例》的内容基本覆盖了各类企业组织形式，在股东权利保护方面，其法意显得更为精确："公司各股东，每一股有一议决权，但一股东而有十一股以上者，其议决权之行使，得以章程限制之。"相比《公司律》的模糊规定，《公司条例》对十股以上股东议决之权有了明确限制，这也体现了对中小股东权利保护的进步。在股权方面的一个变化是，1923 年《公司条例》修订时，撤销了对召开临时股东会议股东占股本总数的要求。由原来要求占十分一以上股本，改为二十分之一以上，减少了一半，使得临时股东会召开更易达到。但总的来说，《公司条例》在股东权利保护上并没有明显的进步。这在一定程度上也说明两部法律之间的继承关系。

南京国民政府成立后颁布的《公司法》，对股份有限公司的修订内容最多。就股票发行而言，第一次明确规定了"股票概用记名式"，发行无记名股票不得超过股份总数三分之一；股东有委托表决权，但对每股东之表决权及其代理其他股东行使的表决权又有规定，为合计不得超过全体股东表决权的五分之一。《公司法》最为重要的增订内容主要是法人持股比例的变动，以及有限公司和外国公司条款的增设。关于法人持股，1929 年的《公司法》已经有所规定，1946 年的《公司法》提高了公司作为法人可以成为其他股份有限公司股东所持股份的比例。但在股东权利保护方面，并未出现太大变化。

公司法律对投资者提供保护，与股份公司的发展密切相关。如果我们将公司立法置于全球的视角下，可以看到公司法的演进，对投资者提供保护的最有力机制不外乎有限责任和法人地位两条。以下就有限责任对股东的保护做简要论述。

在鸦片战争之后近代公司制度被引入中国，为近代企业家提供了可供选择的一种组织形式。而《公司律》对国内投资者权利保护的实在好处，《公司注册试办章程》第五条有一个清晰说法："凡各省各埠之公司、厂、行号、铺店等，一经遵照此次奏定章程赴部注册，给照后，无论华、洋商，一律保护。未经注册者，虽自称有限字样，不得沾《公司律》第九条、第二十九条之利益。"① 此处提到的第九条、第二十九条是指："合资有限公司（股份有限公司）如有亏损、倒闭、欠账等情，查无隐匿银两、讹骗诸弊，只可将其合资银

---

① 《大清法规大全》第 6 册，第 3016 页。

两之尽数（股份银两缴足），并该公司产业变售还偿，不得另向合资人（股东）追补。"① 因此，此处提到的利益，也就是晚清第一次公司立法中对有限责任的制度保护。

根据杜恂诚先生的研究，笔者对 1904 年《公司律》颁行之后的公司设立情况进行整理后列于表 8.1。

表 8.1　公司设立情况

公司分类统计年份	合伙公司（包括有限责任、无限责任）	股份（包括有限责任、无限责任）	独资企业	注册企业总计
1904 年	3	4	0	7
1905 年	21	35	8	64
1906 年	26	42	14	84
1907 年	18	38	10	66
1908 年	8	35	7	57
1909 年	19	41	10	84
1910 年	1	5	0	12
合计	96	200	49	374

资料来源：本表依据《商务官报》各期刊登的《公司注册个案摘要》，以及第一次与第二次《农工商部统计表》之《公司注册表》编制。

但对于这些设立公司的企业家，究竟有多少企业设立的动机是获得有限责任制度的保护，我们还不得而知。

8.3.2　家族合伙和家族公司

我们可以看到，很多注册了的公司，在事实运行中仍然是以家族控制的方式在运营。即对于中小商人尤其小商人家族而言更有资本合作的可能性。不过，有关晋商合资经营的有限案例中往往资本不多，事实上当代学者常引用的以下案例都反映了这种情况②。比如，山西太原布行老字号同成信乃"清咸丰

---

① 《公司律》第九条和第二十九条文字都相同，只需将括号内的部分替换即可。原条文见《大清法规大全》第 6 册，第 3022、3024 页。

② 刘建生，刘鹏生，燕红忠. 明清晋商制度变迁研究 [M]. 太原：山西人民出版社，2005：146－148.

年间，有个叫王吉成的山西汾阳人，以贩卖珠宝玉器为业，结识了一位专门给皇帝梳辫子的'梳刘'，'梳刘'吃俸禄发了财，想以此为资本做买卖，两人就合伙创办了同成信绸布庄"。虽然"梳刘"发了财，但仅仅是俸禄，并不会太多，故而即使发财也只能与王吉成合伙办一布庄，而王吉成以贩卖玉器珠宝为业，估计货币也不太多，因而也只能与别人合伙。在矿业"嘉庆元年时有黄仁等三人合伙设立的煤铺，其合同曰：立合同人黄仁，阜成门外北驴市口路东原有煤铺一座，家伙俱全，门面三间。因无力承办，情愿与张异恩、林维乔三人合伙"，再看利润分成"黄仁三成，林维乔三成，张异恩四成分余，铺价租钱陆吊本钱，谁有钱谁吃利半分"。煤铺本来所需资本不大，黄仁尚且无法经营实际上是小商人，另两位合伙者与其分成差不多，资本也不会太多，而且从合约来看，尤其"谁有钱谁吃利半分"，说明三人的资本可能都不能独立经营，而合同最后规定"以后自许张、林不作，不许黄仁要回"，进一步说明张、林二人同样是小商人。同样右玉县贾又库，与本县人王厚、郭晓三人共出本银于1747年开设"三义号"绸缎杂货铺，三人共同经营，三人应该没有其他本业，否则不会一起经营，这也说明他们至少在合伙之初属于小商人。1776年张鸢、卫金义分别出银六千两与任孝哉（出银一千两）、冯致安合伙做生意，此前张鸢不过是三义号伙计，其合伙资本可能还包含借贷资本，而冯致安甚至没钱。而张鸢之兄张钧虽然有两处合伙店铺，但均只有五百两，而且一个是其姐夫，一个是同姓的张謇，并不排除他们是同一家人。典当、钱庄、票号等早期金融机构虽然与现代金融机构相去甚远，但同样是资本密集型的，因此更偏好于用合资的形式，但合资者往往都是将所有资产变现投入经营。

另一个例子是有名的荣家企业，在成立时虽选择了公司的组织形式，但实际运行中还是体现了家族经营。表8.2为荣氏兄弟创业期投资企业概况。

表 8.2　荣氏兄弟创业期投资企业概况

企业名称	企业开办时间、地点、资本构成及演变情况
广生钱庄	1896 年靠父亲积蓄出资 1 500 元，与三人合伙在上海鸿升码头开业，1897 年另外三人退股，1898 年独资经营，1908 年倒闭
公鼎昌茧行	1896 年与荣秉之（族人）在无锡合伙开办，不久自办

表8.2(续)

企业名称	企业开办时间、地点、资本构成及演变情况
保兴面粉厂	1901年与离任官僚朱仲甫在无锡太保墩发起成立,朱家股份比荣氏兄弟多,荣氏兄弟最初各自投资3 000元,其他股东有族人荣秉之、荣瑞馨等,1903年朱仲甫退出,荣氏兄弟增加股份,吸收新股东,改组为茂新面粉厂
茂新面粉厂	1903年由保兴面粉厂改组而成,总资本5万元,荣氏兄弟投资2.4万元,是最大股东,新增加了祝兰舫等股东,后来王禹卿等也成股东,荣氏兄弟股份也增加,尤其是1915年将振新股份与荣瑞馨的茂新股份置换后
裕大祥字号	1905年利用钱庄资金盈余与张麟魁、荣瑞馨(族)等人合伙在上海开办,1908年倒闭
振新纱厂	1905年荣氏兄弟与荣瑞馨、叶慎斋、叶敏斋等七人作为发起人,总股本27.08万/元两,每人入股3万两,荣氏兄弟还招股3万多,族长荣福龄将荣广大花号的资本撤出,投资于振新纺织公司,还以义庄名义募集资金进行了投资。1907年荣瑞馨、荣宗敬因在上海投机失败,意欲退出,荣福龄则认为若经营成功,可为家族解决就业,而且可为义庄积累资金,并再次以义庄名义募集股份,购进股票,振新得以继续,1909年荣福龄将义庄股份及个人作为董事的红股以10万元卖与荣瑞馨。1909年以后荣宗敬、荣德生兄弟分任董事长和总经理。振新在1914年经营顺畅,盈利达20万,1915年荣氏兄弟借贷扩张,部分红灯引起董事会不满。在族长荣福龄的协调下,荣氏兄弟于1915年春将振新股份与荣瑞馨的茂新股份置换,虽还剩3万元留在振新,但从此退出振新经营管理。振新从此为荣瑞馨控制
福新面粉厂	1912年与为茂新办麦的浦文汀,为茂新销售面粉的王禹卿家族合伙在上海创办,资本4万元,荣家2万元,浦氏兄弟1.2万元,王氏兄弟0.8万元
福新二厂	1913年,在上海创办福新二厂,主要股东仍是荣、浦、王三家,吸收了丁梓仁、杨少棠、查仲康等入股,但后几家只占15.6%股份
福新三、四厂	1914年、1915年分别以福新一厂利润在上海创办,股东构成与一厂相同
申新一厂	1915年荣氏兄弟从振新退出后,以无限公司形式在上海创建申新一厂,资本30万元,荣氏兄弟出资18万元

资料来源:上海社会科学院经济研究所.荣家企业史料:上册(1896—1937)[M].上海:上海人民出版社,1980;荣敬本,荣勉初,等.梁溪荣氏家族史[M].北京:中央编译出版社,1995;许维雍,黄汉民.荣家企业发展史[M].北京:人民出版社,1985。

这一类型的企业仍然偏好合资的形式,可能也反映了柯比的部分判断,即中国已注册的有限责任公司如此之少的部分原因,在于中国未能建成一个稳定的股票市场①。在这一问题上,1911年以后的混乱局面可能也扮演了抑制公司

① MC ELDERRY A. Equity financing and shareholding in early twentieth century China [C] // FEUERWERKER A, YOUNG E P. The social, economic and cultural history of modern east asia. University of Michigan.

发展的角色。在曾小萍（2005）有关自贡盐商的著作中，就有证据支持日益增加的税收压力以及不断的战争威胁抑制了 20 世纪前就已兴盛的纵向和横向结合的公司的发展。20 世纪二三十年代之后的中国企业家比较喜欢有相同意愿的投资者为了某些特定生意而聚合成商业群体组织。在政治不稳定的环境下，公司之间的投资以及连锁董事会可能是发展一个商业帝国较为稳妥的方式。

家族控制在中国有着根深蒂固的传统。近代大机器工业出现之后，传统的手工工业部门并没有全部发展成为近代工业，而是出现了手工业与机器工业并存的局面。手工业的生产方式中工场手工业、包买主制手工业、小商品生产的城镇独立手工业以及农民家庭手工业同时并存。这种家族传统在股份公司出现后，也体现在企业的家族控股特性上。

因此，公司制度朝着对投资者保护的方向迈进时，立法层面的变化与之密不可分。在晚清的法律传统中，商业债务和个人债务之间并没有明显的区别，加之晚清时期政府对民间经济活动采取的多是自由放任的态度，民间契约中是否包含了对投资者进行保护的条款，是一个至今为止还没有得到详细研究的问题。尽管政府也设定了法律，但许多纠纷可能只在行会、商会内部就得到了解决，从而以法律来实现对投资者权利进行保护的资料并不太多。不过，根据曾小萍对 20 世纪 80 年代的四川巴县档案的梳理，在她所整理的一百多件诉讼案件中，还没有一个案例展示了商号所有者对其债务不负任何责任的证据①。

8.4　本章小结

本章从理论和经验数据两个方面证明了股份制并不是一种天然更好的组织形态，在经济发展历程中，它与合伙制更多地体现为互补的组织形式。在这种情况下，本书的目的并非抹杀股份制在经济发展史中的贡献。事实上，很难想象铁路公司、保险公司和很多其他的大型公司都是合伙公司。本书的目的是从恰当的视角审视股份制的地位。尽管股份制确实排除了合伙公司中不定时解散

---

① 曾小萍. 自贡盐场的合伙经营制度［M］//曾小萍，欧中坦，加特拉. 近代中国早期的契约及产权. 斯坦福：斯坦福大学出版社，2004.

的问题，但其代价是产生了严重的少数压迫问题。对于在权益市场上寻求增加资本的大公司，股份制企业的收益远远超出了之前的成本。但在规模较小的、更容易通过非正式手段获得投资的企业中，股份制的优势就不甚明显了，而且压倒性的大多数选择承担合伙公司的成本，而非选择股份制企业。

在 20 世纪，随着企业规模的扩大，在中国相对多的企业选择了股份制形式，尤其是 1927 年之后，税收和其他的一些政策加速了这种趋势。然而，在世界上其他一些地方，股份制的优势尚未如此明显。法国 1925 年颁布的立法承认了有限责任公司（一种特殊的组织形式），这在一定程度上取代了合伙制，但也很大程度上使一些公司成为股份制企业。更早以前，德国（1892 年）和英国（1907 年）也颁布了相似的法律，其影响也大体相同。

直到今天，我们看到合伙和有限责任公司仍然是并存的两种组织形式，对于商人组织形式选择的长期历史观察，本书希望能起到抛砖引玉的作用。鉴于中国企业史研究资料的丰富性和多样性，在今后的研究中，随着新史料的进一步发掘，经济组织形式的多样性，以及这种选择所反映的治理问题，将是值得进一步研究的领域。

9 | 宗族关系和投资者保护

9.1 宗族关系与家族企业

传统中国宗族关系发达，企业融资更多时候依赖于宗族成员。本书此前的部分论述了近代中国法律对投资者的保护作用，无论是投资者保护，还是企业家对企业组织形式的选择，都是公司治理研究中的重要方面。企业史研究的核心部分是解释生产和分配流通如何改变，并且是如何和经济结构相互作用的。钱德勒对美国商业史的研究指出，由于技术的改进，企业如果以更大的规模来组织将会获得更多的垄断利益，从而使"看得见的手"取代了市场对资源的组织，更有效率地组织了生产和流通，也是经济成功的原因。

晚清以后，随着官督商办这种过渡的公司形态逐步走向没落，以家族为核心的商办公司蓬勃发展起来。一般认为，传统家族观念和近代公司产生条件的不成熟，致使中国近代企业家把社会信任范围限制在同乡和家族范围内，从而在公司的股权结构和高层管理人员安排方面，都体现出浓厚的家族色彩①。哈佛大学教授威廉·柯比（William C. Kirby）指出："我们可以把（中国近代）那种植根于家族网络和地域联系的公司组织机构称为有近代中国特色的资本主义，这种资本主义即使在其最毫无阻碍的发展阶段（指 1916—1927 年中国自

---

① 白吉尔. 中国资产阶级的黄金时代［M］. 上海：上海人民出版社，1994：179.

发的现代化时期，笔者注）也仍旧抗拒法人制度。"柯比认为，中国公司制度的这种特色在今天的台湾地区保存了下来："就是那些仍是著名的乃至中国台湾最大的企业而言，维系他们的是家族纽带，像70年前荣氏企业和荣宗敬一样，王永庆成为台塑集团10个公司中9个公司的董事局主席，1983年中国台湾最大的92家企业中，84家可以被严格划入家族企业一类。"①

家族规则是近代股份制移入中国之后所面临的制度环境的一部分。作为一种非正式约束，家族规则使近代股份制公司在股权结构、管理体制等方面都体现出了家族控制的特点。家族制度作为一种替代的投资者保护机制，主要是在家族内部以家族规则来替代法律约束，同时由于财产主体是家族而非个人，一定程度上避免了家族内部股东互相剥削的情况。目前对这一理论进行经验验证的文献研究对象主要集中在不同国家之间，本书则基于同一国家内部不同区域之间不同的治理结构，为理解这个问题提供另外一种例证。本书的比较基于两个方面：其一，传统中国和西方国家的制度环境差异；其二，南北中国的制度环境差异。并将这段历史放在长时段商业史的开始时期，即生产和流通的组织主要还是通过市场进行的时候。

宗族关系在中国南北方的具体表现也不相同。已有的研究对地域差异的叙述往往受到忽视。在对投资者保护方面，山西一地的传统商业企业多有明确章程限制，而南方如安徽商帮，则多以家法家规控制。表9.1对这种不同的治理机制做了简单整理。

表9.1　南北方家族企业对投资人的不同约束机制

组织特点	票号	南方家族企业（徽州为例）
股本构成	①无限责任制，合伙制。合伙人一般不是家族成员 ②票号资本分为以劳动力计的身股和以资本计的银股。银股持有者须对票号负无限责任，一般会在票号设立之初以契约方式确立	家族合伙制，如父亲和儿子合伙、叔侄合伙
利润构成	主要的经理人有固定工资，可以持有身股，并从中获得红利收入	固定工资，会因为多年的辛苦工作而获得额外提升
约束机制	票号章程，在职员的生活圈内联合惩罚，即声誉决定机制	家法以及家规，有时会在家族内行使刑罚

①　William C K. China, Unincorporated: company law and business enterprise in twentieth century China [J]. Journal of Asian Studies, 1995, 54 (1): 43-63.

表9.1(续)

组织特点	票号	南方家族企业（徽州为例）
劳动力雇佣约束	①雇员都是山西人，以同乡关系互相作保 ②通常以学徒体系进行劳动力培训 ③惩罚会牵涉到家族成员	经理人、汇集人都从家族成员中选出，其他雇员也从家族中挑选
所有权和控制权	所有权和控制权分离，经理人对日常事务有决定权。号东不过问经营事项	家族控制和所有

资料来源：票号资料见黄鉴晖. 山西票号史料［M］. 太原：山西人民出版社，2002。徽州商人的约束机制见蔡洪滨，周黎安，吴意云. 宗族制度、商人信仰与商帮治理［J］. 管理世界，2008（8）：87—99。

在历史上，典型的企业多以家族控股，但对与主要家族持股人与小股东之间的关系，受资料整理的限制，暂时存疑。但在近代中国，无论是官督商办企业产生之初，还是民族资本投资热情高涨时期成立的股份公司，都普遍存在着股权集中于某一家族成员手中的现象。如近代中国著名的茂、福、申新荣氏企业集团中，荣宗敬、荣德生兄弟就占有了企业全部股本的70%以上[①]。值得注意的是，在茂、福、申新荣氏企业集团发展过程中，荣氏兄弟甚为重视使自己的高比例股份保持增长势头。明显的例证是，1933年，申新四场失火，同年恢复重建。厂房通知各股东，要求"除前缴本外，照前缴只数再缴两倍"，另外需"筹填新股，以弥前亏和解决以后运营款项等问题"[②]。通知发出后，有24位股本额一万元以下的股东表示财力有限愿意退股，最终由荣氏兄弟追加了股本。其中荣宗敬增加42.2万元，荣德生入股28.4万元。通过此次扩股，荣氏兄弟在申新四厂所占比例由1932年的52.6%攀升到1934年的94.1%[③]。1929年收买英商东方纱厂建立申新七厂时，资本定额50万两，荣氏兄弟各入股15万两，合计占到总股本的60%。1941年8月，资本已增至5 000万元的申新九厂重订股东合伙议据，荣鸿元兄弟和荣德生父子所持的股份比重更是高达85.4%。到1941年，荣德生的长婿李国伟为培植自己在企业中的势力，主张申新四厂的几个高级职员（李的中学同学）入股，荣德生则以吸收新股将损及老股东权益为由而加以坚决反对。后经人调解，重新调整申新四厂新老股东产权，并保持荣家股份占总股额的60%以上。截至1994年年底，荣家持有申新

① 上海社会科学院经济研究所. 荣家企业史料［M］. 上海：上海人民出版社，1962：390.

② 上海社会科学院经济研究所. 荣家企业史料［M］. 上海：上海人民出版社，1962：394-395.

③ 邹进文. 论中国近代民营股份企业的家族特色［J］. 中国经济史研究，2004（1）：18-27.

四厂 62% 的股份，其婿家持有 13.2% 的股份，申新系统的职员持有 23.8% 的股份，其他人持有 1% 的股份，荣家依然持有超过半数绝对控制权的股份①。

在当时具有代表性的企业中，火柴大王刘鸿生创办的一系列公司也具有股权集中在家族手中的特征。如 1920 年成立的华商鸿生火柴无限公司资本额 12 万元，其中刘鸿生出资 9 万元，其弟刘吉生出资 5 000 元，刘氏兄弟投资占公司总资本约 80%②。1926 年 5 月，该企业改组为有限责任公司，1930 年，该公司净资产总额为 579 245.837 元，其中刘氏兄弟总投资额为 564 880 元，占总资本的 90% 以上③。1929 年设立的上海裕华毛绒纺织股份有限公司，资本总额 75 万元，其中刘鸿生投资 663 300 元，刘吉生投资 5 万元，刘氏兄弟占总投资额的 95%④。1931 年创办上海银行，采取股份有限公司经营体制，开办时资本总额 200 万元，实收半数，即 100 万元，其中刘鸿生兄弟投资占总股份的 97.5%⑤。

与此相类似的情况还可以在南洋兄弟烟草公司的股权结构中得到验证。由简照南、简玉阶兄弟 1909 年创办的南洋烟草公司，1918 年时改组为股份有限公司，实收资本 270 万元，股东均为简氏家族成员。在 1919 年公司扩大招股时，资本额达到 1 500 万元，分 750 000 股，其中简家股份为 454 545 股，占股本总额的 60.6%⑥。由以上例子可以看出，尽管近代民营企业在成立之初一般都采取了股份制的组织形式，随着企业规模扩大，企业的社会化程度却没有得到相应的提高，反而进一步出现了家族化的趋势。

公司制度要发展起来，必然有相应的机制对投资者进行保护。这个几乎是从企业制度诞生之日起就伴随而来的治理问题，无论是在家族企业还是公众公司都一直存在。下面就对宗族关系作为法律保护的替代机制做一简单说明。

① 上海社会科学院经济研究所. 荣家企业史料：下册 [M]. 上海：上海人民出版社，1962：298-303.
② 上海社会科学院经济研究所. 刘鸿生企业史料：上册 [M]. 上海：上海人民出版，1981：76-77.
③ 上海社会科学院经济研究所. 刘鸿生企业史料：上册 [M]. 上海：上海人民出版，1981：133-137.
④ 上海社会科学院经济研究所. 刘鸿生企业史料：上册 [M]. 上海：上海人民出版，1981：248.
⑤ 上海社会科学院经济研究所. 刘鸿生企业史料：上册 [M]. 上海：上海人民出版，1981：163.
⑥ 上海社会科学院经济研究所. 南洋兄弟烟草公司史料 [M]. 上海：上海人民出版社，1958：5.

9.2 宗族作为投资者法律保护机制的替代

　　家庭、家族、亲属关系网络向来属于社会史特别是家庭史的研究范畴，很少有谁关注家庭和亲属关系对经济发展和社会转型有何实质性作用。企业史研究中传统的看法是，家族关系网络和公司的层级结构是互不相容的两种组织形式。这种观点最具代表性的辩者是钱德勒，他断定，对于企业而言，最为关键的决定是否从个人资本主义跨越到管理资本主义（在企业创立者及家族之外的专业人员管理之下）。钱德勒将这种转换视为近代资本主义企业制度发展中的关键，甚至终点①。在涉及近代股份制企业的家族特性时，历史学家一般都把中国企业的选择视为单向道，认为这些企业几乎毫无例外地或者是选择了从旧式的社会关系网和传统的经营方式转变为新的公司层级结构和近代商业经营形式；或者是拘泥于旧式的、传统的经营方式，拒绝新的、现代的经营方式。但是，有学者通过经验研究，指出了相反的案例。最具代表性的研究是美国学者高家龙，他通过对刘鸿生企业历史的研究认为，刘鸿生最初通过社会关系网管理他的企业，后来又用公司层级管理制度取代了关系网；但后来他又将企业的最高管理权从他的专业经理人的手中转回到他的儿子们的手中，将管理权交给他的儿子们时，他又恢复了家族式的管理②。我们如何来解释这种行为呢？

　　我们认为，近代中国社会中，通过家族网络获取信息比通过其他方式获取信息具有更低的成本。关文斌对久大精盐公司股东的研究表明，1915 年 2 月公司最初认股单上的 18 人，同年 12 月的 42 位股东，以及 1941 年 663 位记名股东，"这些早期股东中许多有着相同的经历，加上同宗、同姓、同乡、同学、同年、同行、同事、同志、同好、同仇（'十同'）和亲缘、地缘、业缘、善缘、文缘（'五缘'）错综复杂的属性，结合在一起"。"从久大创办伊始，公司就是通过其股东所构成的网络来获得资源——包括资金以及其他资源。而这一网络正是以范旭东、景本白和梁启超的家庭关系、朋友关系和社会关系为中

---

　　① 钱德勒. 看得见的手 [M]. 北京：商务印书馆，1997：67.

　　② 张忠民，陆兴龙. 企业发展当中的制度变迁 [M]. 上海：上海人民出版社，2003：13-16.

心扩展而成的。"①

总体来说，亲属关系大致可以分为三类，即血亲、姻亲和假亲。血亲是指有血缘联系的人，其中直系血亲如父母、子女、祖父母等有血缘联系的人；姻亲是指由于婚姻关系而结成亲戚关系的人；假亲并不是严格意义上的亲属，但其作用类似，如师徒关系、教父子关系等。每个人都可以以自己为中心而连成自己的亲属网，这个网络还会因为婚姻关系的交织和变化而变得极为复杂。我们可以将亲属关系看作是家庭关系的扩展和延伸，在进行商业活动的时候，亲属关系会优先得到信任。这种亲属之间更容易建立起来的信任关系，由道德背景引起的交易费用将会降低。格拉斯比（Richard Grassby）根据对英国近代社会转型期商人家庭亲属关系的研究，认为依靠亲属关系的企业在应对风险、提供劳力方面更加具备优势②。而近代中国社会与此相比也极为相似，近代转型期是一个十分混乱而且动荡不安的年代，处在变革年代的传统社会，各种因素错综复杂，为了寻得社会支持，人们更看重亲属网的作用。亲属可以提供建议，提供帮助，提供就业机会，甚至还能提供情感上的满足，提供政治避风港湾。对亲属来说，离得多远并不重要，多长时间见一次面也不在乎，重要的是关键时刻亲属能起到实质性作用。经商是有风险的，所有的商业都要受各种因素制约，例如价格的季节性波动、战争、市场需求的突然性变化等，难以预测。对于这类情况，除了运用经验沉着冷静地去对待和处理外，准确、快捷的市场信息更为重要。这些优势，与我们前文所分析的家庭治理优势也是一致的。

从这些考虑看来，作为私人企业的一种形态，家族式的企业比其他的商业组织形式更具优势。与大公司相比，它更灵活、更有弹性，能对突发事件迅速做出反应，经营成本也比大公司低，而且还可以节省一些交易费用。与单个商人企业比，其商业风险因由整个家族企业承担而要更小，且资金和信息来源却更广。

对传统社会信息特征的研究表明了家族式组织的存在是能够降低交易费用

① 关文斌. 网络、层级与市场：久大精盐公司（1914—1919）［M］//张忠民，陆兴龙. 企业发展当中的制度变迁. 上海：上海人民出版社，2003.

② GRASSBY R. Kinship and capitalism marriage, family and business in english speaking world ［M］. Cambridge：Cambridge University Press，2001.

的。中国社会的信息特征对近代中国股份公司形成家族性的治理结构有很大的影响。信息在任何一个社会中都十分重要，其主要特征是信息的规范度和分散度。许多学者在比较东亚文化和西方文化的差异方面做了大量的实证研究，美国文化人类学家爱德华·霍尔将文化分为"高文本书化"和"低文本书化"，前者是指信息是清晰和非人格化的，人们通过契约来规范各自的行为，典型如美国社会；而"低文本书化"里，人们更喜欢做含糊的交流，对信息"只能意会，不能言传"，典型的例子是中国、日本，即信息交流依靠人们在共同文化背景下形成的共识。低规范度的信息特征与诺思强调的非正式制度约束有关。简单地说，"高文本书化"以规范的信息为主，而"低文本书化"则以非规范信息为主。

在信息不规范的情况下，信息的交流将受到很大限制，信息扩散只能借助于面对面的人际交流。此时，与信息规范式交流方式（官僚和市场）对应的交流方式是家族和网络型交流。在家族型的交流方式中信息集中于家族首领（上文论述的权威中心），这是一种建立在人际关系上的等级结构。在这样的组织结构内部，家族首领有可能保持内部成员的一致信仰和价值观，减少甚至消除成员之间的不信任和机会主义倾向①。在这样的信息特征下，家族模式不仅是必要的，而且是行之有效的交流方式。

近代中国社会处于传统向近代变迁的急剧动荡之中，股份制移入中国之时，相关的法规建设还很滞后。法律法规的相对滞后，使商业交易的可靠性得不到强制性的保证。在对交易可靠性缺乏充足支持的社会中，人们很难通过社会交往建立起相对可靠的关系。在信任资源稀缺的社会里，社会交往将会是家庭式的，不安全感是对不信任这一普遍问题的一种反应。缺乏信任来自对对方信息的不完全认知，交易双方一旦存在信息不对称的情况，败德行为的产生将成为可能。这种由于信息不对称产生的对道德背景的怀疑，使交易顺利进行变得十分艰难。因为一旦出现败德行为，那么就会使双方在谈判、交易和诉讼过程中花费许多额外的费用。故民间商人在创办企业时，就会去寻找一种企业制度，在这种制度下，道德背景刺激交易成本上涨的机会最小。从经验上的观察来看，家族企业这种企业制度就是人们寻找到的一种降低交易费用的制度

---

① 陈凌. 信息特征、交易成本和家族式组织 [J]. 经济研究，1998（7）：28—34.

安排。

根据以上的分析，我们认为，传统社会发达的宗族关系，为投资者提供了可替代的保护机制。在信任程度低，以及工业技术基本处于起步阶段的近代社会，这一机制提供的保护使近代公司的资本筹集更多局限在亲族之内，作为融资辅助的金融市场的发展也因此受到局限。

纵现近代中国新式产业的发展历程，我们可以看到，新式产业诞生于政府投资创办的洋务官办企业，这些企业的资金来源主要依赖于晚清财政的拨款。正是由于官办企业的投资主体是国家财政，而近代以来的中国政府财政又十分拮据，官办企业的融资受到极大的限制，在晚清洋务官办企业发展的同时才又产生与发展起来了官督商办、官商合办以及商办的企业。然而，从晚清政府到北洋政府再到国民政府，无论其财政状况如何，都由政府继续维持和投资创办了各种官办新式企业。王宗培对1932—1939年企业的资本结构进行了研究，他收集的样本库包括了100家公司，其中73家属于制造业，公司分布的地理位置主要在上海、江苏。公司资本被他分为借款、亲友的储蓄存款两部分。他发现有40%以上的资本为通过亲族关系向银行、钱庄借入的资金。这一情况在纺织业中最为突出，高达50%的企业资本为借入资金；其他制造业借入资金相对较少，但也达到了30%。总体上看，借入资金占自有资本的比例为43.95%。总的来说，由于传统中国根深蒂固的宗族关系，投资者通过家族等社会联系来筹集资金仍然是主要融资方式。融资需求与资本市场的发展尚未紧密结合在一起。下一节我们通过分析一家典型的家族银行——聚兴诚银行，来展示即使选择了股份公司制度，传统的银行仍然需要依靠家族关系才能得以顺利运行。

9.3 家族关系、政治关联和投资者保护

近代金融发展中的一个有趣现象是，在相同的制度背景下，同为植入的制度，近代华资银行业发展远胜于资本市场发展。在近代中国，银行业基本是自由准入的行业，缺乏现代意义上的国家作为最后贷款人，同时缺乏有效的外部监管。在这一背景下，银行如何能够获得产权保护并获得发展？已有研究一般

将银行业作为一个整体进行考察，认为其发展的原因是公债投机的结果[①]；也有学者指出，这些发展是基于银行制度演变、银行业法规建设、银行家队伍的成长以及经营理念改变等[②]。宏观的研究视角使得对银行内部经营决策的了解缺乏历史细节的支持，也很难厘清近代银行内部管理和业绩之间的联系。对于银行业发展的原因，笔者认为政治关联和家族关系是一个十分重要的因素，近代银行业普遍采取了董事会制度，在外部监管缺位的情况下，董事会的构成、规模以及成员的专业知识结构等为银行运营提供了有效的管理经验，也监督了经理人员的行为。本节通过对聚兴诚银行档案资料（包括历次董事会议、股东会议、会计账簿）的系统整理，描述了一个家族银行通过内部治理结构的调整，在政治不稳定的背景下建立政治关联获得保护，最终取得经营成功的历史案例。

从欧美国家的金融史来看，银行治理、金融发展是企业发展的一个重要原因，但对这一问题进行讨论的文献却十分有限[③]。由于外部监管的缺乏和自身经营的保密性，对于中国近代银行内部的运作我们知之甚少。而对个别银行的研究，也以对"北四行"中的金城银行，"南三行"中的上海商业储蓄银行、中央银行、中国银行的研究居多；地域分布上，也多集中在对上海、天津等地银行业的整体研究，对于有代表性的家族银行鲜有深入分析。从已有文献资料来看，对华资银行治理结构的研究十分缺乏，一般是从近代银行制度变迁的视角对近代银行的组织形式等进行总结性分析。在涉及银行内部治理时，一般为描述性分析，例如王丹莉对近代华资民营银行中"两权融合"的治理模式的描述[④]。这种情况的产生，一方面是对近代银行的数据资料缺乏整理；另一方面则是因为没有将银行治理问题放在公司治理的文献背景中进行考察。

本章选取聚兴诚银行作为案例，通过对其档案资料的分析以呈现近代家族银行的内部治理形式。聚兴诚是一家由旧式商号转型而来的家族银行，也是民

---

① 钟思远，刘基荣. 民国私营银行史 [M]. 成都：四川大学出版社，1999：67.

② 朱荫贵. 抗战爆发前的外国在华银行 [J]. 中国经济史研究，2004（4）：3-12.

③ 代表性文献见 CAPRIO G, LAEVEN L, LEVINE R. Governance and banks valuations [J]. Journal of Financial Intermediation, 2007（16）：584 – 617；LAMOREAUX, NAOMI. Scylla or charybdis? historical reflections on two basic problems of corporate governance [J]. Business History Review, 2009, 83（1）：9-34.

④ 王丹莉. 近代华资私营银行"两权融合"公司治理模式初探 [J]. 中国社会经济史研究，2009（4）：69-76.

国时期四川最有影响力的私营银行。该银行从 1915 年创办到 1950 年开始公私合营，经历了 35 年的发展历程。到抗日战争爆发前夕，聚兴诚银行由股份两合公司改组为股份有限公司，并对股权结构、经营业务等进行了调整，并在转型之后将银行业务推向了顶峰。聚兴诚银行在重庆开设，其档案完好无缺地保存于重庆档案馆聚兴诚档（全宗 0295），三十多年的档案资料为我们分析该行的内部经营管理、经营业绩提供了不可多得的原始资料。在战乱频发、政府金融政策不稳定的大环境下，该银行的经营绩效普遍要优于同期的其他银行，对聚兴诚银行内部治理机制的分析将有助于我们理解近代银行业的成功。

9.3.1 从家族所有到军阀入股

近代银行多采取公司制这一组织形式，北洋政府于民国三年（1914 年）颁布《公司条例》，规定公司组织形式共有四种：无限公司、两合公司、股份有限公司、股份两合公司。对于企业家而言，可供选择的组织形式主要为这四种。地处西南的聚兴诚银行也是在这样的背景下开设的。该银行由重庆富商杨文光、杨希仲、杨粲三父子创办，于 1915 年 3 月 16 日注册开业，在设立初期采取了股份两合公司的形式。这是当时四川省最早的一家民营银行，也是重庆市最大的私营商业银行。

杨氏家族在创办聚兴诚银行之前，以经营商号起家，经过两代人数十年的经营，家族财富已经相当雄厚，家族资金超过百万两，已是重庆的巨富之一。在社会变革的大环境下，杨氏家族商号第一代管理者杨文光先后送次子杨希仲、三子杨粲三等留学日本、美国等国，以寻找家族企业发展的新思路。在日本留学期间，次子杨希仲深受日本"三井家族"模式的影响，认为杨氏家族可以效仿日本"三井家族"，运用家族财力和人力，以银行业为根基，依次创办实业，开展对外贸易、对外投资，将家族发展为集银行业、商业、贸易业、投资业于一体的"杨氏家族集团"。他在给父亲杨文光的家书中写道："步三井株式后尘，集家族之人力财力，创办银行，再次向外发展，建立杨氏家族的远大事业，以抵制列强经济侵略，挽回国家利权。"[1] 杨希仲学成归国后，在家族内部积极实行他的"三井"计划，一方面，不仅向父亲杨文光解释建立银行的重

---

① 参见《聚兴诚银行创办简史档案》，档案号为 0295-1-324。

要性，而且建议其亲赴武汉、上海等地考察，杨文光考察回来后同意了杨希仲的意见；另一方面，杨希仲亲自考察了四川重庆等地的金融市场，了解到目前川渝地区对银行的迫切需求，坚定了创办银行的决心。最终，由杨氏家族掌控的银行得以成立。

在创办初期，杨氏家族为保证对银行的绝对控制权，采取了较少银行采用的股份两合公司组织形式。银行采取股份两合公司的组织形式，将股份分为有限责任股份和无限责任股份，杨氏家族占有大部分的无限责任股份，同时吸纳了小部分家族之外的成员担任有限责任股东，对公司债务仅以其出资额为有限，负有限责任，享受分红。《聚兴诚银行股份两合公司章程》规定，无限责任股东均有执行业务之权利而负其义务；当归某股东一人或数人执行业务时，某人不得自行退职或辞职。同时章程也规定了银行的最高决策机构为事务员会，"聚行的内部组织及营业章程由事务员会规定"，"总经理在不违背事务员会议做出的决策下，有执行本行一切事务、任免本行职员的权利"[1]。这在法律上保证了无限责任股东有永久执掌经营大权的特别权利。

聚兴诚银行设立之后，由于杨氏弟兄（杨希仲与杨粲三）在经营家族事业的方针上、在银行总协理的权责范围问题上均发生了严重分歧，弄得彼此不能齐心经营、精力分散，以致20世纪20年代初期先后发生了哈尔滨分行亏折、天津分行赔累、京行倒账等一连串经营失利事件，使聚兴诚银行元气大伤；同时外国贸易部欠债累累，航业部和商号经营不善，相继收歇。三房弟兄杨仲晖、杨芷英等见此情景，恐受到连累，不愿再负无限责任，便抽走资金，退出无限责任股东，影响聚兴诚银行信誉，弟兄间也逐渐分崩离析。以杨氏父兄子弟为主体的无限责任股东，后来实际上只剩下杨与九、杨粲三、杨遒庆和杨季谦四人。1925年，杨粲三接管聚兴诚银行任总经理一职，实行"逐步收敛以固行基"的策略，将商号、航运部、外贸部等关闭，并于1930年，将总部迁回重庆，集中精力经营银行业务，推行"站稳西南、面向全国、服务社会"的经营方针，银行经营才得以稳步提升。

聚兴诚银行开办时正值局势混乱，军阀混战，四川直到1926年才形成了刘湘主宰四川的局面。聚兴诚银行总部所在地重庆出现了以刘航琛、何北衡为

① 《聚兴诚银行档案》，档案号0291-1749，第117页。

代表的地方政治势力，他们亦官亦商，凭借军阀统治势力，力谋在工商金融企业中扩张其实力。当时刘航琛、何北衡等曾多次想将其势力渗入聚兴诚银行，而杨粲三竭力与之周旋。后刘航琛以省财政厅长名义，借口银行亏折过大，杨氏家族已无条件再担任无限责任股东为由，直接密令重庆市政府核查聚兴诚银行账目，向之施加压力。杨粲三为缓解压力，于1937年1月，将聚兴诚银行正式改组为股份有限公司，吸收了地方官僚作为外界股，以扩大股本持续经营。改组之后聚兴诚银行不仅股权结构发生了改变，新增了外界股后股本由创办时的银元一百万增资为法币二百万，到民国二十九年，增资为法币四百万。抗战胜利后，1946年，聚兴诚银行被国民政府指定为为数不多的经营外汇的私营银行之一。新中国成立后，聚兴诚银行参加了国家银行业公私合营，为该行发展史画上了圆满的句号。

9.3.2 军阀入股、家族控制和银行绩效

聚兴诚银行的发展过程生动表明了家族银行是如何从合伙制逐渐发展为更具开放性的金融组织（引入外部股东）的。在这个过程中，家族银行通过建立董事会制度、引入军阀和地方政府官员建立起了政治关联。这种政治关联是否在军阀割据、政局不稳定的时代里给银行提供了良好的保护呢？本节通过组织形式变更与银行绩效之间的关系来进行说明。

一般而言，在高度的信息不对称情况下，市场发育程度较低、政治并不稳定的时候，董事会对于银行治理是十分关键的。因为董事会能够对经理人员的行为进行监管，对他们的决策产生影响，而在近代并不稳定的政治环境中，董事会往往也是和官方建立联系的重要渠道。

聚兴诚银行在股份两合公司时期，最高权力机构是事务员会，事务员会成员共11人，是由杨氏家长地位的人统率家族成员共同控制银行的一个组织机构。事务员会互选一人为主席，并互选总经理一人和协理一至二人，组成总管理处。银行创业初期，事务员会主席是杨文光，1919年杨文光过世，主席一职由其儿子杨与九担任，后来很长一段时期由三子杨粲三担任，决策者一直为杨氏家族核心成员。事务员担任的一般是银行的重要职务，例如，1915—1924年都由次子杨希仲任总经理，杨粲三任协理，杨希仲死后则由杨粲三继任总经理，杨道庆任总管理处襄理（协理的改称），杨家弟兄、子侄、门婿等多人都

先后安插进行，分别担任分行经、副、襄理货总处的总稽核、总会计等要职。这样，杨氏家族便牢牢地把银行掌握在手里。

事务员会的一切方针决议都由总管理处负责贯彻执行，总、分行的组织机构、营业计划及规章制度，也须由事务员会制定。这样，事务员会通过总管理处就把银行的经营、管理、财务、人事等大权掌握起来。

改组为股份有限公司后，事务员会为董事会所代替，银行内部最高权力决策机构是股东大会，根据《聚兴诚银行股份有限公司章程》第四章第十八条规定："本银行各股东每一股有一票表决权，一股东而有十一股以上者，除十股有十权外，自十一股起，每二股有一表决权，但每股东之表决权及其代理他股东行使之表决权，合计不得超过全体股东五分之一。"董事会成了银行内部经营活动的执行机构。

根据聚兴诚银行的档案，从 1937 年召开首届董事会起，董事、监事人选随着银行不断增资开始逐渐增加，但在这一过程中，虽然董事和常务董事中都开始有非杨氏家族成员渗入，但以杨粲三为代表的杨氏家族仍掌握实权。首届董事九名，其中常董三名，董事长为杨粲三，常董为董庆伯、刘航琛，杨、董二人是至交故旧，因此杨家势力在三个常董中成二比一之势。1940 年召开股东大会，改选董事，董事增为十一名，新增的二名董事中，潘昌猷是坚决支持杨粲三的，常董除原有三人外，又增加了杨晓波、杨季谦，仍然是杨家占优势。1942 年，董事增选为十三人，除原来十一人外，新增加了李维城、高新亚，这二人是杨粲三延聘的"客卿"，被称为"粲派"人物，常董仍为五人。后刘航琛因系现任公职人员，不能兼任聚兴诚银行常董，补选了任望南担任，任望南亦为"粲派"。1946 年，杨粲三辞去董事长兼总经理一职，改任高等顾问，董事长改由杨季谦担任。1948 年，董事会再度改选，仍由杨季谦任董事长，杨粲三则一直以高等顾问过问行务。改组后的总、协理大多由董事长延聘客卿或学徒出身的高级行员担任，如董庆伯、任望南、黄墨涵、李维城、成访莘等，但一切仍得受董事长指挥。从历次董事会会议中可以看出，外界人士引入董事会后，确实牵制了杨氏家族的权力，经营决策权力并不如以前那样集中。

当然，虽然建立了董事会、监事会制度，但由股东大会选出的监察人和杨氏家族的关系都十分密切。董事会议记录也表明，监事人早经事务员会或董事会内定。监察人员中无论是初期的甘典夔、何绍伯、黄锡兹，还是后来的徐次珩、卢澜康、唐棣之、但怒刚等，均未认真起过监督作用，所以其实银行的经营权仍旧是掌握在初期的事务员会和后期的董事会中。

聚兴诚银行在股份两合公司时期，资本额为一百万元，有限股份和无限股份各半，没有外界股，其中杨氏家族无限责任股和有限责任股共占资本总额的73.2%，杨家的亲戚故旧占有限责任股的21.6%，职员（高级行员）占有限责任股的5.2%，至民国二十六年（1937年）改组前，基本上没有大的变动，是一个不折不扣的家族银行，见表9.2。

表 9.2　聚兴诚银行股权结构（1915—1936 年）

无限股份				有限股份			
户名	户数	金额/银元	占比/%	户名	户数	金额/银元	占比/%
杨依仁	1	150 000.00	15.00	杨氏家族	15	232 000.00	23.2
杨培贤	1	60 000.00	6.00	杨氏戚友	39	216 000.00	21.6
杨培英	1	60 000.00	6.00	该行当时高级行员	33	52 000.00	5.2
杨培善	1	60 000.00	6.00				
杨培荣	1	60 000.00	6.00				
杨锡瑕	1	60 000.00	6.00				
杨培龄	1	50 000.00	5.000				

资料来源：根据聚兴诚银行档 0295-0002000030000001000 整理。

改组后，在资本总额二百万元中，各类股份所占比重发生了较大的变化，见表9.3。其中杨氏家族资本由73.2%下降为51.2%，亲戚故旧的资本由21.6%下降为16.5%，职员股由于杨氏家族让出一小部分股权，因而由5.2%上升为19.8%。另外一部分就是新增的外界股，主要有刘航琛40 000元，何北衡3 5000元，甘典夔50 000元，卢作孚25 000元，徐次珩50 000元，加上其他一些小股，共占12.5%。新增的外界股东，几乎都是四川的政界要员，见表9.4。

表 9.3　聚兴诚银行改组后的股权结构

户名	户数	金额/法币元	合计	股数	百分比/%
杨氏老股	15	232 000	1 023 100	10 231	51.16
杨氏新股	39	791 100			
杨氏亲戚故旧老股	39	216 000	330 100	3 301	16.50
杨氏亲戚故旧新股	39	114 100			
职员老股	33	52 000	396 800	3 968	19.84
职员新股	131	344 800			
军阀官僚新股	6	250 000	250 000	2 500	12.50
总计	302	2 000 000	2 000 000	20 000	100.00

表 9.4　社会新股股东持有情况

户名	股数	金额/法币元	百分比/%
周见三	500	50 000	2.50
甘典夔	500	50 000	2.50
刘航琛	400	40 000	2
何北衡	350	35 000	1.75
卢作孚	250	25 000	1.25
徐次珩	500	50 000	2.50
总计	2 500	250 000	12.50

以上六户中，刘航琛为四川省财政厅长、四川省民政厅长，何北衡为川江航务管理处处长，徐次珩为二十九军驻京代表，周见三为川康银行董事长，卢作孚为民生公司总经理，均系四川行政工商界闻人。

此后，杨氏家族股份在增资过程中逐渐下降，1940 年聚兴诚银行再次增资，资本总额达四百万元，杨氏家族股再下降为 44%；1941 年由于法币贬值，再增资一千万元，杨氏家族股份又下降为 40%，亲戚故旧股占 20%，职员股占 20%，外界股占 20%。

不过，杨氏家族资本虽下降为 40%，但如加上杨氏家族所控制的亲戚故旧股和职员股，则仍达股本总额的 80%，外界股中属于地方官僚资本性质的股份仅占 10%，所以聚兴诚银行始终是杨氏家族控制的企业。但由于持股份额的逐渐减少，从最开始的 73.2% 下降到 40%，见图 9.1。表面上看，聚兴诚银行已经逐渐由一家家族银行演变为更公开的股份制银行。

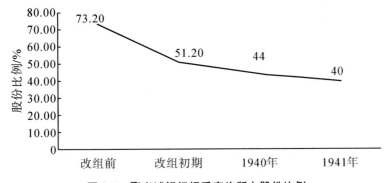

图 9.1 聚兴诚银行杨氏家族所占股份比例

无论是出于社会外界压力还是由于内部矛盾，聚兴诚银行最终由股份两合有限公司改组成为股份有限公司，依照民国法律，股份有限公司必须成立董事会，由股东会在股东中选任之。改组后，内部治理结构发生改变，但经营权和所有权与之前一样，依然没有分开。经营权不再由杨氏家族完全掌握，尽管杨氏家族在股份上从始至终占据绝对优势，外来人员只有少数股份，但他们已经开始具有一定的发言权。改组之前由杨氏家族独断经营的局面已经出现了裂缝，可是整体而言，杨氏家族成员仍然牢牢掌控着企业的经营大权，董事长由杨粲三变成杨季谦，一直都是杨氏家族决定着整个银行的重大决策。

为了说明政治关联、家族关系和投资者保护的关联，以下对军阀入股前后的银行经营业绩进行分析。

1. 规模性指标

总资产（x_1）、纯益（x_2）这两个指标是总量指标，是衡量银行规模的指标。资产量大的银行往往规模也较大，拥有绝对的资源优势，也会带来较高利润，高利润又进一步扩大了银行规模。

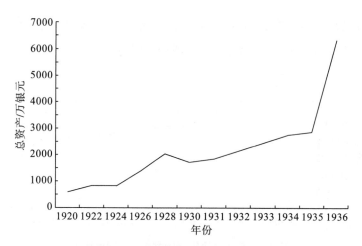

图 9.2　银行总资产（1915—1936 年）

资料来源：根据聚兴诚档（0295）会计报表整理计算而来，具体数据见附表 1。

　　从图 9. 2 可以看出，聚兴诚银行的资产总额在 1936 年以前波动式前进虽有增长，但是增长都很缓慢，但是在 1936 年后一直是快速增长的势头。图 9.3 显示了聚兴诚银行的营业纯益率（当期纯益/总收入），银行的纯益率基本维持在 20%左右；但以 1921 年为转折点，聚兴诚银行营业纯益率出现大幅下滑，直到 1939 年才恢复到 1916—1920 年的水平。聚兴诚银行在改组之后，尤其是从 1939 年开始，营业纯益率大幅度上升，但后期随着国共内战的爆发，营业纯益率再次下降。

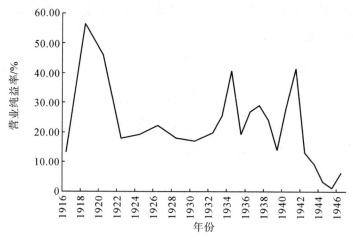

图 9.3　聚兴诚银行营业纯益率（1916—1939 年）

2. 盈利能力指标

银行的盈利能力是评价银行获利能力的指标，银行盈利能力越强，回馈给股东的利益就越大，银行的自身价值也就越大。一般用总资产收益率和纯益增长率衡量银行的盈利情况。总资产收益率是衡量银行盈利能力的重要指标，总资产收益率越高，表明该银行的单位资本获利能力越强，是银行盈利能力的主要体现。纯益增长率是银行盈利变化情况的反映，反映了银行的持续性盈利能力，也反映了银行持续发展的能力。纯益增长率高，表明银行的盈利能力在增加，持续获利能力高。

聚兴诚银行在头三届（1916—1920年）的总资产收益率达到了以后从未有过的高度，但三届以后，聚兴诚银行的总资产收益率急速下降，以1921年为转折点，聚兴诚银行纯益率出现大幅度下滑，直到1939年才恢复到1916—1920年的水平。1921—1938年这段时期也是聚兴诚银行陷入困厄的阶段。究其原因，主要是受军阀混战、时局动荡的影响。20世纪20年代末至30年代中期，全国陷于封建割据、军阀混战之中，四川境内的军阀战争，时间最长，破坏最严重。民国十一年（1922年）的《第四次决算报告》记述了当时聚兴诚银行在国内军阀混战下的困境："一年数战，交通阻，邮电滞，商货积，币制紊，金融集于军构，国群交受其病，业金融害，流通乏术，……倒闭歇业，财有所闻。"五届以后，更是"政变相寻，战衅累起，交通梗阻，百业萧条，金融枯竭"。尽管杨氏家族苦心经营聚兴诚银行，银行业务也是一直在艰难中勉强维持，取得前三届丰厚的利润已不再可能。

聚兴诚银行的净资产收益率反映了聚兴诚银行的股东权益的收益水平，也衡量了该银行运用自有资本的效率。指标值越高，说明投资带来的收益越高，体现了自有资本获得净收益的能力越强。聚兴诚银行在改组前，净资产收益率是在曲折中前进的，波动幅度较大，但是改组后，聚兴诚银行的净资产收益率呈直线上升的趋势，说明聚兴诚银行改组之后，对自有资本的利用率较高，股东获得的收益也在增加。对此，一个可能的解释是，聚兴诚银行改组以后将外界股（主要是地方官僚和军阀占有的股份）纳入股权结构中，避免了军阀无休止的摊派和盘剥，为聚兴诚银行提供了一个相对安稳的外部环境。

9.3.3 实证结果

由以上对聚兴诚银行的经营业绩数据分析可知，改组之后银行经营业绩有所提升。从内部治理结构看，改组之后银行的最大变化在于非杨氏家族成员可以干预聚兴诚银行的经营，经营权不再由杨氏家族完全掌握，尽管杨氏家族在股份百分比上从始至终占据绝对优势，外来人员只有少数股份，但他们已经开始有一定的发言权。多次董事会议都提及，外部股东如何北衡等均对经营方针提出过质疑，那么董事会的设立是否与经营绩效改善之间有关联呢？为对此进行研究分析，本书建立了相应的模型。

1. 董事会与经营绩效

模型 9.1：$\log ROE_i = \alpha \times board_i + \mu_i$

其中，board 是表示董事会成立与否的自变量，若成立 board = 1，若未成立 board = 0；ROE_i（银行的净资产利润率）表示银行第 i 期的经营绩效。

同时为了考察非杨氏家族成员进入董事会后对经营决策的影响，我们建立了模型 9.2：

模型 9.2：$\log ROE_i = \alpha \times percent_i + \mu_i$

其中，percent 表示非杨氏家族成员在董事会中所占的比例。

表 9.5 为模型 9.1 和模型 9.2 的 OLS 回归结果。

表 9.5　聚兴诚银行业绩与内部治理结构变化的相关性

项目	模型 9.1	模型 9.2
董事会	—	1.814 (−0.705)
非杨氏家族成员比例	—	2.548 (−0.918)
截距	−1.382 (−0.479)	−1.429 (−0.47)
样本量	26	26
R-squared	0.216	0.243

注：*** 表示 p<0.01，** 表示 p<0.05，* 表示 p<0.1。

从表 9.5 中可以看出：①模型 9.1 和模型 9.2 的回归结果都很显著；②从模型 9.1 来看，董事会的成立与净资产利润率有正相关关系，董事会成立使净资产利润率提高 181.4%；③从模型 9.2 来看，非杨氏家族成员在董事会中人数的比例与净资产利润率存在正相关关系，比例每增加一个百分点，净资本利润率就会提高 254.8%。综上所述，改组之后，由制度规定导致的董事会成立和非杨氏家族成员的董事会人数比例的上升使聚兴诚银行的净资产利润率上升，对企业业绩有正的影响。

2. 董事会结构与资本费用率

聚兴诚银行作为一个典型的家族银行，改组前，经营权完全掌握在杨氏家族成员手中，杨氏家族可以凭借血统亲属关系进行行务信息的交流传递，降低交易成本，节约交易费用；但同时血统关系也可能导致利益冲突（父子反目、兄弟成仇）激化，出现矛盾更加不可调和的局面。

改组后，董事会成员中非家族成员的加入会带来信息传递方式等方面的改变，一方面可能因为管理层信息不对称导致交易费用的上升，使费用支出增加；另一方面银行的费用支出因为第三方的出现，使行务得到客观处理，减少因为家族内部矛盾导致行务决策错误的可能，从而避免由于家族内部矛盾激化引起的交易费用，银行费用支出反而减少。

那么，银行内部治理结构的变化与银行费用支出之间是否存在相关性呢？若存在，相关性是正还是负呢？模型 9.3 和模型 9.4 初步讨论了这种关联。

模型 9.3：

$$\log\mathrm{ETA}_i = \alpha_0 + \alpha_1 \times \mathrm{board}_i + \varepsilon_i$$

其中，ETA_i 表示资产费用率，通过银行费用除以资产得出，用来衡量银行的经营费用；board 是表示董事会成立与否的自变量，若成立 board = 1，若未成立 board = 0。

模型 9.4：

$$\log\mathrm{ETA}_i = \alpha_0 + \alpha_1 \times \mathrm{percent}_i + \varepsilon_i$$

其中，percent 表示董事会中非杨氏家族成员的比例。回归结果见表 9.6。

表 9.6　聚兴诚银行费用支出与内部治理结构变化的相关性

	模型 9.3	模型 9.4
董事会	0.049 7* (−0.026 9)	—
非杨氏家族成员比例	0.070 8* (−0.035 2)	—
截距	0.046 2** (−0.019)	0.044 4** (−0.018 8)
样本量	24	24
R-squared	(0.134)	(0.155)

注：*** 为 p<0.01，** 为 p<0.05，* 为 p<0.1。

从表 9.6 中可以看出：①模型 9.3 和模型 9.4 的回归结果都显著；②从模型 9.3 来看，董事会的成立与资产费用率有正相关关系，董事会的成立使资产费用率提高 4.97%；③从模型 9.4 来看，非杨氏家族成员在董事会中人数的比例与资产费用率存在正相关关系，比例每增加一个百分点，资产费用率就会提高 7.08%。综上所述，改组之后，由制度规定导致的董事会成立和非杨氏家族的董事会成员比例的上升都使聚兴诚银行的费用支出上升。这个结果也说明，改组为股份有限公司之后，聚兴诚银行虽然通过官员进入董事会获得政府保护，但同时也增加了银行的费用。这也说明，在外部法律保护缺失的情况下，寻求外部保护也有成本。

9.4　本章小节

在政治不稳定的环境下，正式法律制度对投资者的保护，必然随着政权更迭不断变化。如何获得稳定的产权保护成为近代中国所有投资者面临的问题。

聚兴诚银行是一家传统的家族银行，家族成员不仅拥有聚兴诚银行的大部分股份，而且对聚兴诚银行具有绝对的决策控制权。同时，聚兴诚银行由商号转化而来，其组织结构也沿用了商号的形式，无论在股份两合公司时期，还是改组为股份有限公司后，它的组织结构都以"三级管理，总处集权"这一原则构建，而业务也是以商号的传统业务为基础，以"方便社会、服务大众"为经营方针，以"不结交官僚、不涉及政治"为经营态度，以"汇兑第一、存放次之"为经营目标，以经营汇兑、存储、贴放、信托等业务为主。可以看出聚兴诚银行的经营以"稳健"为主，虽然聚兴诚银行的经营模式比较守旧，与传统的票号无差异，但是这却使聚兴诚银行能在动荡环境中赚取巨额利润，积累巨额财富，并且实现了长远稳定的发展。

与近代中国经营成功的许多银行相比，聚兴诚银行的创办并无政治背景。不论是改组前还是改组后，杨氏家族都保持着对银行的实际控制权。后期改组为股份有限公司后，引进了董事会、股东会等治理结构，军阀作为外部股东加入，虽然在政治不稳定时期增加了费用支出，但却使聚兴诚银行能在政府盘剥下持续经营，这一历史案例也为理解近代银行内部治理提供了启示。

▶▶ 结语

现代经济学对产权保护的重要性在某种程度上已经达成共识，认为这是决定制度多样性和制度绩效的一个重要原因。纵观当今世界各国，其资本市场的发育水平与效率各不相同。这样的现象是否是对投资者的保护水平的不同而造成的呢？如果是，究竟是哪一种制度安排造成了这种不同呢？而形式相同的制度，在不同国家的实施效果是否相同？

法金融理论为回答这些问题提供了一个视角。但如我们所知，事实并不会跟随定义走。通过分析近代商事法对公司外部投资者的保护可知，法律对投资者的保护，在很大程度上与一个国家的资本市场发育互相独立。这个有趣的悖论在当代中国表现得更为明显：作为一个转轨国家，其股票市场在短短十几年间得到了超常规的发展，与俄罗斯、波兰、捷克等转轨国家相比，中国股票市场在规模、流动性、融资功能、投资回报以及股价的信息含量五个侧面的维度都处于绝对或相对领先的地位。但与此同时，诸如市场机制、法律制度这些正式的投资者保护机制在中国并没有很好地发挥作用。

结合近代中国以来的历史发展，本书的研究为理解金融市场发展的文献增加了知识树上的一个节点。通过给出近代中国投资者保护演变的历史案例，我们发现，要想了解金融市场发展或是衰落的原因，必须仔细地对历史发展进行研究。同时，如果我们想要解释投资者保护水平以及金融市场发展的历史轨迹，我们也需要对政治变化、正式和非正式制度的设定进行深入研究。

法金融理论在为我们提供理解金融市场发展决定因素的研究框架时显得尤

为有用，但在解释历史发展中投资者保护水平和金融市场发展变化时，却显得说服力不足。在本书中，笔者试图通过历史案例来论证，一个国家的投资者保护以及执行，与这个国家的法律渊源或者地理禀赋无必然联系，而与一个国家政治力量的兴亡起伏以及原本存在的家族传统密切相关。本书的研究也说明，在正式的投资者保护机制缺失的情况下，一些替代性的保护机制能保护投资者。在近代中国，当商事立法逐渐健全，但国家对法律的实施显得弱势的时候，投资者通过宗族联系实现自我保护；同时，正式的保护机制往往也随着统治集团利益的变动而变动。

近年来，随着中国经济之崛起，公司日渐成为重要的经济细胞，而对投资者权利的保护正是公司成长壮大的重要保证因素之一。更好的投资者保护机制，无论是公司法提供的，还是其他替代性的机制提供的，通常意味着更好的公司治理水平。结合现代经济发展的现象来看，越来越多的机构投资者也要求公司对股东更负责任，公司的社会信誉常常成为决定投资者是否会投资公司的重要原因。而在立法层面上，如果一个国家的法制体系能确保公司的信誉承诺成为现实，那无疑也是一种吸引投资者的良好措施。从这层意义上说，研究一个国家如何才能够将投资者法律保护落到实处十分关键，这决定了一个国家能否设计出适当的机制从而促进金融发展。

研究说明对投资者进行有效的保护对于金融发展十分关键，但困难在于无法确保现在有效的投资者保护机制在经济发展过程中是否会保持不变。在一个政治不稳定的环境中，人们无法确保新的政府是否会将公司法、破产法朝着损害投资者利益的方向进行修改。从经济学的角度来看，唯一有效的办法是提高这种改动的潜在成本。如果更多的人能够从金融市场的发展中获益，那么想改变原有制度而使少数利益集团获益的难度就会变大。因此，这也是通过正式机制来保护投资者权利的可能政策方向。

参考文献

《大生系统企业史》编写组，1990. 大生系统企业史 ［M］. 南京：江苏古籍出版社，1990.

白吉尔，1994. 中国资产阶级的黄金时代 ［M］. 张富强，许世芬，译. 上海：上海人民出版社.

白吉尔，1994. 中国资产阶级的黄金时代 ［M］. 上海：上海人民出版社.

白丽健，2000. 近代中国公司债发行的效果分析 ［J］. 南开经济研究（1）：75-79.

布罗代尔，1997. 资本主义论丛 ［M］. 顾良，张慧君，译. 北京：中央编译出版社.

陈计南，1992. 破产法论 ［M］. 台湾：三民书局.

陈凌，1998. 信息特征、交易成本和家族式组织 ［J］. 经济研究（7）：28-34.

陈曾年，2006. 近代上海金融中心的形成和发展 ［M］. 上海：上海社会科学院出版社.

豆建民，2000. 近代中国的股权限制和家族公司思想 ［J］. 甘肃社会科学（1）：69-70.

豆建民，1999. 中国公司制思想研究（1842—1996）［M］. 上海：上海财经大学出版社.

杜恂诚，2007. 近代中国股份有限公司治理结构中的大股东权利 ［J］. 财经研究, 33（12）: 9.

杜恂诚, 2004. 金融制度变迁史的中外比较 [M]. 上海: 上海社会科学院出版社.

杜恂诚, 2015. 近代中国金融业发展模式与社会转型 [J]. 中国经济史研究（3）: 15-24, 143.

杜恂诚, 1991. 民族资本主义与旧中国政府 [M]. 上海: 上海社会科学院出版社.

杜恂诚, 2000. 中国近代两种金融制度的比较 [J]. 中国社会科学（2）: 178-190.

法政学社, 1924. 中国民事习惯大全 [M]. 上海: 上海广益书局.

龚骏, 1933. 中国新工业发展史大纲 [M]. 北京: 商务印书馆.

故宫博物院明清档案部, 1979. 清末筹备立宪档案史料 [M]. 北京: 中华书局.

黄鉴晖, 2002. 山西票号史料: 增订本 [M]. 山西: 山西人民出版社.

姜伟, 2000. 论股份有限公司制度在清末民初的演进 [J]. 南京师大学报（社会科学版）（1）: 36-43.

交通银行总行、中国第二历史档案馆, 1995. 交通银行史料第一卷（1907—1949）: 上册. [M]. 北京: 中国金融出版社.

巨庄亏闭续闻. 申报: 1883 年 12 月 26 日

科大卫, 2002. 中国的资本主义萌芽 [J]. 中国经济史研究（1）: 57-67.

匡家在, 1994. 旧中国证券市场 [J]. 中国经济史研究（4）: 29-42.

梁治平, 1999. 清代习惯法: 社会与国家 [M]. 北京: 中国政法大学出版社.

刘佛丁, 王玉茹, 于建玮, 1997. 近代中国的经济发展 [M]. 济南: 山东人民出版社.

刘坤一, 2013. 刘坤一遗集·奏疏: 卷 31 [M]. 长沙: 岳麓书社.

刘仁坤, 1996. 梁启超建立新式企业制度思想探析 [J]. 求是学刊（3）: 110-114.

刘伟, 1995. 洋务官商体制与中国早期工业化 [J]. 华中师范大学学报（哲社版）（4）: 100-106.

罗肇前, 1997. 由官办向商办的转变: 张之洞经济思想研究之一 [J]. 中国经济史研究（3）: 6-16.

马建忠, 1896. 富民说 [M]//适可斋记言: 卷 1. [出版地不详]: [出版者不详].

马寅初，1936. 上海证券交易所有开拍产业证券行市之可能乎 [J]. 东方杂志，33（1）：39-44.

梅汝璈，2007. 破产法草案各问题之检讨 [M]. 北京：中国政法大学出版社.

聂宝璋，朱荫贵，2002. 近代航运史资料 [M]. 北京：社会科学出版社.

潘晓霞，2009. 论近代中国传统金融破产清理机制之转型：以日升昌票号的复业清理为背景 [J]. 商丘师范学院学报，25（01）：58-61.

彭厚文，1997. 旧中国证券市场若干问题的订正与商榷 [J]. 中国经济史研究（3）：151-156.

千家驹，1984. 旧中国公债史资料 [M]. 北京：中华书局.

邱澎生，2008. 当法律遇上经济：明清中国的商业法律 [M]. 台北：台北五南图书出版有限公司.

上海社会科学院经济研究所，1981. 刘鸿生企业史料：上册 [M]. 上海：上海人民出版.

上海社会科学院经济研究所，1962. 荣家企业史料 [M]. 上海：上海人民出版社.

上海社会科学院经济研究所，1958. 南洋兄弟烟草公司史料 [M]. 上海：上海人民出版社.

四川省省志编辑委员会，1987. 四川文史资料第 6 辑 [M]. 成都：四川人民出版社.

孙虞棠，1953. 中国近代工业史资料：第一辑 [M]. 北京：科学出版社.

田永秀，2000. 试论中国近代的三次股市危机 [J]. 西南民族大学学报（10）：136-155.

汪敬虞，1999. 外国资本在近代中国的金融活动 [M]. 北京：人民出版社.

王丹莉，2009. 近代华资私营银行"两权融合"公司治理模式初探 [J]. 中国社会经济史研究（4）：69-76.

王玉茹，2005. 中国近代的经济增长和中长周期波动 [J]. 经济学（季刊）（1）：461-490.

王玉茹，1997. 近代中国价格结构研究 [M]. 西安：陕西人民出版社.

吴承明，江太新，2004. 中国企业史：近代卷 [M]. 北京：企业管理出版社.

吴承明，1956. 中国民族资本主义的特点 [J]. 经济研究（6）：111-137.

吴承明，1985. 中国资本主义与国内市场［M］. 北京：中国社会科学出版社.

谢振民，1999. 中华民国立法史［M］. 北京. 中国政法大学出版社.

徐义生，1962. 中国近代外债史统计资料［M］. 北京：中华书局.

许涤新，吴承明，1990. 中国资本主义发展史：第 1 卷［M］. 北京：人民出版社.

许涤新，吴承明，1990. 中国资本主义发展史：第 2 卷［M］. 北京：人民出版社.

许涤新，吴承明，1990. 中国资本主义发展史：第 3 卷［M］. 北京：人民出版社.

严中平，等，1955. 中国近代经济史统计资料选辑［M］. 北京：科学出版社.

杨荫溥，1930. 杨著中国金融论［M］. 上海：商务印书馆.

杨勇，2007. 近代中国公司治理［M］. 上海：上海世纪出版集团.

杨在军，2006. 晚清公司与公司治理［M］. 北京：商务印书馆.

叶世昌，1999. 梁启超、康有为的股份制思想［J］. 世界经济文汇（2）：53-56.

曾小萍，冯永明，2008. 近代中国早期的公司［J］. 清史研究（4）：63-80.

曾小萍，欧中坦，加德拉，2011. 早期近代中国的契约与产权［M］. 杭州：浙江大学出版社.

翟荆州，1935. 我国金融市场之资力［J］. 中央银行月报，4（9）：1867-1887.

张国辉，2003. 中国金融通史：第 2 卷.［M］. 北京：中国金融出版社.

张謇，1994. 张謇全集：第 2 卷［M］. 南京：江苏古籍出版社.

张郁兰，1957. 中国银行业发展史［M］. 上海：上海人民出版社.

张忠民，2002. 艰难的变迁：近代中国公司制度研究［M］. 上海：上海社会科学出版社.

张忠民，陆兴龙，李一翔，2008. 近代中国社会环境与企业发展［M］. 上海：上海社会科学院出版社.

张忠民，陆兴龙，2003. 企业发展当中的制度变迁［M］. 上海：上海人民出版社.

张忠民，2000. 近代上海产业证券的演进［J］. 社会科学（5）：52-56.

章开沅，等，1991. 苏州商会档案丛编：第 1 辑［M］. 武汉：华中师范大学出版社.

参考文献

郑仁木，1998. 民国时期证券业的历史考察 [J]. 史学月刊 (3)：99-105.

中国经济年鉴编纂委员会，1935. 中国经济年鉴 [M]. 上海：商务印书馆.

中国民主建国会重庆市委员会、重庆市工商联合会文史资料编写组，1984. 重庆工商史料第六辑聚兴诚银行 [M]. 重庆：重庆出版社.

中国人民银行上海市分行，1960. 上海钱庄史料 [M]. 上海：上海人民出版社.

中国人民银行上海市分行金融研究所，1990. 上海商业储蓄银行史料 [M]. 上海：上海人民出版社.

中国人民银行总行金融研究所金融历史研究室，1989. 近代中国的金融市场 [M]. 北京：中国金融出版社.

钟思远，刘基荣，1999. 民国私营银行史 [M]. 成都：四川大学出版社.

重庆档案馆，1992. 抗日战争时期国民政府经济法规 [M]. 北京：北京档案出版社.

周建波，2001. 洋务运动与中国早期现代化思想 [M]. 济南：山东人民出版社.

周康燮，1981. 中华民国史事日志：第1册 [M]. 香港：大东图书公司.

周育民，2000. 晚清财政与货币变迁 [M]. 上海：上海人民出版社.

朱鸿达，等，1934. 新编六法全书：释义及判例 [M]. 上海：上海世界书局出版社.

朱荫贵，戴鞍钢，2006. 近代中国：经济与社会研究 [M]. 上海：复旦大学出版社.

朱荫贵，1998. 近代上海证券市场上股票买卖的三次高潮 [J]. 中国经济史研究，(3)：60-72.

朱荫贵，2010. 论研究中国近代资本市场的必要性 [J]. 中国经济史研究 (1)：12-17.

朱荫贵，2004. 抗战爆发前的外国在华银行 [J]. 中国经济史研究，(4)：3-12.

邹进文，2004. 论中国近代民营企业的家族特色 [J]. 中国经济史研究 (1)：18-27.

ACEMOGLU D, JOHNSON S, ROBINSON J A, 2002. Reversal of fortunes：

geography and institutions in the making of the modern world income distribution [J]. Quarterly joumal of economics (117): 1133-1192.

ACEMOGLU D, JOHNSON S, 2001. The colonial origins of comparative development: an empirical investigation [J]. American economic review (91): 1369-1401.

ADAMS R B, MEHRAN H, 2005. Corporate performance, board structure and its determinants in the banking industry [R]. Working Paper, SSRN.

ADELMAN M A, 1969. Comment on the 'H' concentration measure as a numbers equivalent [J]. The review of economics and statics (51): 99-101.

BECK T, DEMIRGUC-KUNT A, LEVINE R, 2003. Law and finance : why does legal origin matter? [J]. Journal of comparative economics, 31 (4): 653-675.

BECK T, DEMIRGUC-KUNT A, LEVINE R, 2003. Law, endowments, and finance [J]. Joumal of financial economics (70): 137-181.

BEEK T, LEVINE R, 2002. Industry growth and capital allocation: does having a market-based or bank-based system matter [J]. Jounral of Financial Economics (64): 147-180.

BERKOWITZ D, PISTOR K, RICHARD J, 2003. Economic development, legality: The Transplant Eeffct [J]. European economic review (47): 165-195.

BOYD H, EDWARD C, 1986. Financial intermediary-coalitions [J]. Journal of economic theory (38): 211-232.

CAPRIO G, LAEVEN L, LEVINE R, 2007. Governance and banks valuations [J]. Journal of financial intermediation (16): 584-617.

COASE. R, 1960. The problem of social cost [J]. Journal of law and economics (3): 1-44.

COFFEE J, 1999. The future as history: the prospects for global convergence in corporate governance and its implications [J]. Northwestern law review (93): 641-707.

FRANKS J, MAYER C, ROSSI S, 2004. Ownership: evolution and regulation. institute of finance and accounting working paper FIN [M]. London: London Business School.

GOLDSMITH, RAYMOND W, 1969. Financial structure and development [M].

参
考
文
献

New Haven, CT: Yale University Perss.

GRASSBY R, 2001. Kinship and capitalism marriage, family and business in english speaking world, 1580—1740 [M]. Cambridge: Cambridge University Press.

GREIF A, 1994. A culture beliefs and organization of society: a historical and theorical reflection on collectivest and individualist [J]. Journal of Political Economy (102): 5.

HILT, ERIC, 2015. Corporate governance and the development of manufacturing enterprises in nineteenth-century massachusetts [M]. Chicago: University of Chicago Press.

HILT, ERIC, 2008. When did ownership separate from control? corporate governance in the early ninetieth century [J]. Journal of economic history, 68 (3): 645-685.

JENSEN M C, MECKLING W H, 1976. Theory of the firm: managerial behavior, agency costs and capital structure [J]. Journal of financial economics (3): 305-360.

KIRBY W C, 1995. China unincorporated: company law and business enterprise in twentieth-century China [J]. The Journal of Asian studies (1): 32-55.

KIRBY, WILLIAM C, 1995. China, unincorporated: company law and business enterprise in twentieth century China [J]. Journal of asian studie (1): 43-63.

LA PORTA R, LOPEZ-DE-SILANES F, SHLEIFER A, et al., 1997. Legal determinants of external finance [J]. Journal of finance (52): 1131-1150.

LA PORTA R, LOPEZ-DE-SILANES F, SHLEIFER A, et al., 2000. Investor protection and corporate governance [J]. Journal of financial economics (58): 3 -4.

LA PORTA R, LOPEZ-DE-SILANES F, SHLEIFER A, et al., 1998. Law and finance [J]. Journal of political economy, 106 (6): 1113-1155.

LAMOREAUX N R, ROSENTHAL J L, 2005. Legal regime and contractual flexibility: a comparison of business's organizational choices in France and the United States during the era of industrialization [J]. American law and economics review (7): 28-61.

LAMOREAUX, NAOMI, 2009. Scylla or charybdis? Historical reflections on two basic problems of corporate Governance [J]. Business History Review, 83 (1): 9 −34.

LAMOREAUX, NAOMI, ROSENTHAL J L, 2006. Corporate governance and minority shareholders in the United States before the great depression [M]. Chicago: University of Chicago Press.

LEVINE R, 2004. The corporate governance of the banks: A concise discussion of concepts and evidence [R]. Working Paper, World Bank Policy Research.

LEVINE R, 2002. Bank-based or market-based financial systems: which is better? [J]. Journal of financial intermediation, 11 (4): 398−428.

MACEY J, HARA M, 2003. The corporate governance of banks [J]. Economic policy review, 91−107.

MERRYMAN, HENRY J, 1985. The civil law tradition [M]. Stanford: Stanford University Press.

MORCK R, YEUNG B, YU W, 2000. The information content of stock markets: why do emerging markets have synchronous stock price movements [J]. Journal of financial economics (58): 215−260.

NORTH D, 1990. Institutions, institutional change, and economic performance [M]. Cambridge, U. K: Cambridge University Press.

RAJAN R G , ZINGLES L, 1998. Financial dependence and growth [J]. American economic review (88): 559−556.

ROE, MARK J, 2003. Political Determinants of Corporate Governance [M]. London: Oxford University Press.

SHLEIFER A, WOLFENZON D, 2002. Investor protection and equity markets [J]. Journal of financial economics (66): 3−27.

WEBER M, 1958. The protestant ethic and the spirit of capitalism [M]. NewYork: Charles Scribner' s Sons.

WONG L, 1985. The Chinese family firm: a model [J]. Family Business Review, 36 (1): 58−72.

WURGLER J, 2000. Financial markets and the allocation of capital [J]. Journal of financial economics（58）：187-214.

ZELIN M，2005. The Merchants of Zigong：industrial entrepreneurship in early modern China［M］. New York：Columbia University Press.

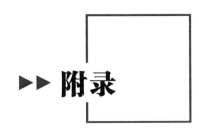

▶▶ 附录

附录 A　近代公司法中涉及股东权利保护的条款

附表 1　近代公司法中涉及股东权利保护的条款

股东权利	1904 年		1914 年		1929 年		1946 年	
	权利	条款	权利	条款	权利	条款	权利	条款
一股一票权，无上限	1	100	1		1	129	1	89
邮寄投票权	0		0		0		0	
无阻碍股票出售权	1	57	1	102	1	113	1	65
累积投票权	0		0		0		0	
股东疑义权或上诉权	0		1	140	1	150	1	131
优先认股权	0		1		1	190	1	127
召集临时股东会股份比例小于等于 10%	0	50	0	146	1	133	1	87
股东权利保护指数（抗董事会权利）	2		4		5		5	

资料来源：《公司律》条文，见伍廷芳. 近代中国史料丛刊三编 270：大清新编法典［M］. 台湾：文海出版社，1987：9-11。《公司条例》内容，中国第二历史档案馆，沈家五. 张謇农商总长任期经济资料选编［M］. 南京：南京大学出版社，1987：25-56。1929 年《公司法》，参见吴经熊. 北京：袖珍六法全书［M］. 社会法学编译出版社，1936：223-226. 1946 年《公司法》，见郭卫. 六法全书［M］. 上海：上海法学编译出版社，1948：149-187。

附录 B　上海证券交易所 1920 年 12 月 24 日股票价格

附表 2　上海证券交易所 1920 年 12 月 24 日股票价格

行业	序号	股票	收盘价		
			价格	货币单位	折合（US $）
银行	106	Hongkong & Shanghai Banking Corporation	800	$	423.40
银行	118	Chartered Bank of I. A. & C.	71 1/2	英镑	250.97
航运	236	Indo-China Steam Nav. Co. （preference）	18	Hkg $	10.13
航运	228	Indo-China Steam Nav. Co. （deferred）	185	Hkg $	104.06
航运	224	Shell Transport & Trading Co. Ld （ordinary）	0.147 6	英镑	25.89
航运	227	Shell Transport & Trading Co. Ld （preference）	0.222	英镑	38.96
航运	225	Shanghai Tug & Lighter Co., Ld （ordinary shares）	50	银两	36.25
航运	226	Shanghai Tug & Lighter Co., Ld （preference shares）	35	银两	25.38
船坞，码头及货仓	709	Shanghai Dock & Engineering Co., Ld	122	银两	88.45
船坞，码头及货仓	306	Hongkong & W´pao Dock Co. Ld	159.5	Hkg $	89.72
船坞，码头及货仓	710	New England and Shipbuilding Works., Ld	23.5	银两	17.04
船坞，码头及货仓	703	Shanghai & H´kew Wharf Co.	135	银两	97.88
船坞，码头及货仓	706	Hongkong & Kowloon Wharf and Godown Co., Limited	93	Hkg $	52.31
保险	503	Union In. Society of Canton Limited	200	Hkg $	112.50
保险	502	North-China Ins. Co., Ld	153	银两	110.93
保险	504	Yangtsze Insurance Association	22	$	11.64
保险	512	Canton Insurance Office	375	Hkg $	210.94
保险	606	Far Eastern Insurance Co., Ld	20	银两	14.50

行业	序号	股票	收盘价		
			价格	货币单位	折合(US $)
保险	601	Hongkong Fire In. Co., Limited	318	Hkg $	178.88
保险	602	China Fire In. Co., Limited	125	Hkg $	70.31
保险	607	Assurance Franco-Asiatique	125	FF	7.33
煤矿	818	Raub A′lian Gold Min. Co. Ld	N. A	N. A	N. A
煤矿	817	Chinese Engineering & Mining Co., Ld (Bearer)	25	银两	18.13
煤矿	820	Oriental Consolidated Mining Co., Ld	0.12	Sterling Pounds	2.11
煤矿	821	Shanghai Exploration & Development Co., Ld	4	银两	2.90
房地产	1017	Shanghai Land Investment Co., Ld	68	银两	49.30
房地产	1035	Hongkong Land Invest. & A. Co., Ld	127	Hkg $	71.44
房地产	2002	Humphrey′s Estate & F. Co. Ld	8.1	Hkg $	4.56
房地产	2003	Wei-hai-wei Land & B. Co., Ld	5.5	银两	3.99
房地产	2006	Anglo-French Land Invest Co., Ld	69	银两	50.03
房地产	2007	China Realty Co., Ld (Ordinary)	50	银两	36.25
房地产	2008	China Realty Co., Ld (Preference)	50	银两	36.25
房地产	7000	The Shanghai Hotels, Ld (ordinary)	55	$	29.11
棉纺织	2501	Ewo Cotton Sp. & W. Co., Ld	350	银两	253.75
棉纺织	5002	Ewo Cotton Sp. & W. Co., Ld (preference)	85	银两	61.63
棉纺织	5003	Kung Yik C. S & W. Co., Ld	49	银两	35.53
棉纺织	2503	Laou-kung-mow Cotton Spinning and Weaving Co., Ld	385	银两	279.13
棉纺织	5008	Oriental C. S. & W Co., Ld	16	银两	11.60
棉纺织	5001	Shanghai Cotton Manufacturing Co., Ld	110	银两	79.75
棉纺织	5005	Yangtszepoo Cotton Mill Limited (A)	24	银两	17.40
棉纺织	5007	Yangtszepoo Cotton Mill Limited (Preference)	80	银两	58.00
种植业	6002	Alma Estates, Ld	5	银两	3.63
种植业	6070	New Amherst Rubber Estate, Ld	0.5	银两	0.36

行业	序号	股票	收盘价		
			价格	货币单位	折合（US $）
种植业	6009	Anglo-Dutch（Java）Plantations, Ld	2.5	银两	1.81
种植业	6010	Anglo-Java Estates, Ld	6	银两	4.35
种植业	6007	Ayer Tawah Rubber Plantation Co., Ld	21	银两	15.23
种植业	6011	Batu Annam（Johore）Rubber Estate, Ld	0.7	银两	0.51
种植业	6012	Bukit Toh Alang Rubber Estate, Ld	2	银两	1.45
种植业	6013	Bute Plantations（1913）, Ld	0.6	银两	0.44
种植业	6014	Chemor United Rubber Co., Ld	0.5	银两	0.36
种植业	6001	Chempedak Rubber & Gambier Estate, Ld	5	银两	3.63
种植业	6015	Cheng Rubber Estates, Ld	1.25	银两	0.91
种植业	6016	Consolidated Rubber Estates（1914）, Ld	2	银两	1.45
种植业	6006	Dominion Rubber Co., Ld	3.5	银两	2.54
种植业	6017	Gula Kalumpong Rubber Estates, Ld	4.75	银两	3.44
种植业	6019	Java Consolidated Rubber Co., Ld	13	银两	9.43
种植业	6020	Kamunting Rubber Co., Ld	1.75	银两	1.27
种植业	6021	Kapala Islands Estates, Ld（1912）	0.2	银两	0.15
种植业	6071	Kapayang Rubber Estates Co., Ld	10	银两	7.25
种植业	6022	Karan Rubber Estate Co., Ld	7	银两	5.08
种植业	6023	Kotah Bahroe Rubber Estates, Ld	3	银两	2.18
种植业	6003	Kroewek Java Plantations Ld	13	银两	9.43
种植业	6026	Padang Rubber Estates, Ld	6.5	银两	4.71
种植业	6027	Pengkalan Durian Estate, Ld	3	银两	2.18
种植业	6028	Permata Rubber Estates, Ld	1	银两	0.73
种植业	6056	Repah Rubber Estate, Ld	0.5	银两	0.36
种植业	6030	Samagaga Rubber Co., Ld	0.65	银两	0.47
种植业	6031	See Kee Rubber Estates（1918）, Ld	1	银两	0.73
种植业	6032	Semambu Rubber Estate, Ld	0.65	银两	0.47

行业	序号	股票	收盘价		
			价格	货币单位	折合(US $)
种植业	2525	Senawang Rubber Estates Co., Ld	3.5	银两	2.54
种植业	6053	Shanghai-Kelantan Rubber Estate	0.55	银两	0.40
种植业	6034	Shanghai Klebang Rubber Estate, Ld	0.55	银两	0.40
种植业	6035	Shanghai-Malay Rubber Estates, Ld	3	银两	2.18
种植业	6051	Shanghai – Malay Rubber Estates, Ld (Preference)	10	银两	7.25
种植业	6052	Shanghai-Pahang Rubber Estates, Ld	1	银两	0.73
种植业	6054	Shanghai Seremban Rubber Estates Ld	0.6	银两	0.44
种植业	1022	Shanghai-Sumatra Tobacco Co., Ld	98	银两	71.05
种植业	6038	Sua Manggis Rubber Co., Ld	3.5	银两	2.54
种植业	6039	Sungala Rubber Estate, Ld	0.5	银两	0.36
种植业	6040	Sungei Duri Rubber Estate, Ld	6.5	银两	4.71
种植业	6043	Taiping Rubber Estates, Ld	0.8	银两	0.58
种植业	6042	Tanah Merah Estate (1916), Ld	0.8	银两	0.58
种植业	6005	Tebong Rubber & Tapoica Estate Co	13	银两	9.43
种植业	6046	Ziangbe Rubber Co., Ld	2.6	银两	1.89
工业	1054	China Import & Export Lumber Co., Ld	350	银两	253.75
工业	1033	China Sugar Refining Co. Ld	209	Hkg $	117.56
工业	2517	Green Island Cement Co., Ld	9.5	Hkg $	5.34
工业	9002	Maatschappij Co., in Langkat (Single)	7	银两	5.08
工业	1050	Maatschappij Co., in Langkat (Comb)	14	银两	10.15
工业	1020	Major Brothers, Limited	5	银两	3.63
工业	1058	Shanghai Electric and Asbestos Co., Ld	2	$	1.06
工业	1029	Shanghai Gas Co., Ld	16	银两	11.60
工业	1007	Shanghai Waterworks Co., Ld.	120	银两	87.00
贸易	1013	Hall & Holtz Ld	10	$	5.29
贸易	1018	J. Llewellyn & Co., Ld	30	$	15.88

行业	序号	股票	收盘价		
			价格	货币单位	折合（US $）
贸易	1031	A. S. Watson & Co., Ld	7.6	Hkg $	4.28
贸易	2516	S. Moutrie & Co., Ld	40	$	21.17
贸易	1051	Weeks & Co., Ld	11	$	5.82
贸易	1060	Lane, Crawford & Co., Ld	80	$	42.34
杂类	1064	Culty Dairy Co., Ltd	12	银两	8.70
杂类	2526	Shanghai Electric Construction Co., Ld	65	银两	47.13
杂类	1019	Shanghai House Bazzar & Motor, Co., Ld	34	银两	24.65
杂类	1043	Shanghai Mercury, Ld	25	银两	18.13
杂类	8001	Shanghai Loan & Investment Co., Ld	5	银两	3.63
杂类	1045	Shanghai Mutual Telephone Co., Ld	78	银两	56.55

资料来源：根据《北华捷报》刊登的历年股票价格整理。

附录 C 1872—1910 年各行业公司设立情况

附表3 洋务民用工业和交通运输业基本情况（1872—1894 年）

开办年	单位名称	创办人	经营形式	工人数/人	经费/银元
采煤工业					
1878	直隶开平煤矿	李鸿章 唐廷枢	官督商办	3 500~4 500	2 055 944
1881	热河承德府平泉铜矿	潘　露	官督商办	不详	333 600
1887	云南铜矿	唐　炯	官督商办	1 500~2 400*	不详
1889	黑龙江漠河金矿	李鸿章 荣　镔	官督商办	2 800~3 600*	278 000
1890	湖北汉阳铁厂	张之洞	官办	3 000	
1890	湖北大冶铁矿	张之洞	官办	1 500~1 700*	5 560 000
纺织工业					

开办年	单位名称	创办人	经营形式	工人数/人	经费/银元
1878	兰州机器织呢局	左宗棠	官办	不详	1 390 000
1879	上海机器织布局	李鸿章	官督商办	不详	1 418 203
1890	湖北织布局	张之洞	官办	2 500~3 000	1 342 700
1894	湖北纺纱局	张之洞	官办	不详	834 000
1894	湖北缫丝局	张之洞	官商合办	300	111 200
1894	华盛纺织总厂	李鸿章 盛宣怀	官督商办	4 000*	1 118 900
交通运输业					
1872	轮船招商局	李鸿章	官督商办	不详	2 780 000
1880	上海电报总局	李鸿章	官督商办	不详	2 247 352 2 009 342*
1885 1887	中国铁路公司	李鸿章	官督商办		1 868 855 125 100*
1890	北洋官铁路局	李鸿章	官办	3 000*	417 000 2 446 400*
1891 1893	台湾铁路	刘铭传	官办		1 800 050
合 计				25 500~ 29 500	29 637 880

资料来源：严中平，徐义生，姚贤镐，等. 中国近代经济史统计资料选辑［M］. 北京：科学出版社，1955。孙毓棠. 中国近代工业史资料：第 1 辑［M］. 北京：科学出版社，1957。宓汝成. 中国近代铁路史资料：第 1 册［M］. 北京：科学出版社，2016。许涤新，吴承明. 中国资本主义发展史［M］. 北京：人民出版社，1985，表 3-11。

注：1. 工人数有*者系孙毓棠估计数。铁路工人 3 000 人为宓汝成所估计数。

2. 投资额有*者系估计数。青溪铁厂系按原拟招股额估算。

附表 4 1877—1894 年矿业发展的资料

矿名	创办人 主持人	创办 时间	资本概况	生产经营概况
安徽池州煤矿*	李振玉 杨 德	1877	创办时约 10 万两，有招商局垫款 3.8 万两，经营亏损，1885 年改组，资本实值 9.6 万两	主要人力开采，1878 年产 2 000 余吨，1883 年产煤仅数百吨，1888 年添购机器，未能利用，1891 年亏损封闭
湖北荆门煤矿	盛怀怀 沈善登	1879	移兴国煤矿设备开办，先集股 5 万两，实收 1.9 万两，招商局投资 6.9 万两，似未实缴	1880 年出煤，运出 400 余吨，经营困难，1881 年奉李鸿章谕裁撤

近代中国投资者保护机制研究

矿名	创办人主持人	创办时间	资本概况	生产经营概况
山东峰县煤矿*	戴华藻朱采	1879	初集股2.5万两，1882年实收5.36万两，1883年称已有7万两，拟招足10万两	土法开采，机器抽水，1882年正式出煤，1883年有9井，日产煤120吨，后用小卷扬机，1895年淹没，停产
广西富川贺山煤矿	叶正邦	1880	两广商人集资，估计实收不足2万两	土法开3井，月可产3 000吨，拟用机器大约未成，煤质质差，1886年闭歇
湖北长乐鹤峰铜矿	朱秀云	1881	招股10万两，实收5万余两，1885年续招，大约未成，老股则亏折	土法挖掘，以经费困难，1883年亏产
直隶临城煤矿*	钮秉臣	1882	招股40万两，先收半数，实收约10万两，有盈利，1905年合营时全矿作价50万两	1883年土法开6井，后有机器抽水，1897年有12井，年产约2万吨，1905年为比利时资本所并吞
江苏利国驿煤矿*	胡思燮胡碧澄	1882	招股50万两，实收16万余两，后屡谋投资未成，1898年另由吴味熊组新公司接办	土法开采，1884年用机器抽水，经营困难，采煤机未能购定，1898年新公司改在贾旺用新法开井
奉天金州骆马山煤矿	盛宣怀	1882	招股20万两，旋挪用14.6万两于电报局，矿用5.46万两，得存息0.81万两	购有钻探机，勘察煤藏不佳，1884年停闭
热河承德三山银矿*	李文耀	1882	招股20万两，支开办费16万两，逢金融危机，存款受损，1885年增股未成，1887年官办	初土法开采，1883年置简单机器，产银约万余两
直隶顺德铜矿	宋吉堂	1882	招股20万两，实收不多，1884年停闭，退还股款0.43万余两	土法开采，矿质恶劣，1884年停闭
安徽贵池煤矿*	徐润	1883	招股不足，有招商局垫款23万两	19世纪90年代初仍在生产，情况未详
安徽贵池煤矿*	杨德	1883	资本未详，有天津黄杏樵投资，停办时亏股金13万两，并欠公款	每百斤砂人出铜三四斤，不敷成本，1891年停办
北京西山煤矿	吴炽昌	1884	建股份公司，资本未详，大约有官本	使用机器，1886年称月产50余吨
福建石竹山铅矿	丁枞	1885	试办，资本未详	无成效，1888年由闽督封闭
山东平度金矿*	李宗岱	1885	商股21万两，开办借款18万两，共约40万两，停闭时又欠官款6万两	土法采矿，用机器春碎，水银吸着法提金，1888年产金砂3 676担，次年停闭

矿名	创办人主持人	创办时间	资本概况	生产经营概况
海南岛琼州大艳山铜矿	张廷钧	1887	资本未详	准备机器开采，大约先用土法，1889年即停办
广东香山天华银矿	何尾山	1888	据称10万两，次年由唐景翁接办，1890年徐润接办，续招股8万余元，以需资百万，决议停办	潭州矿未详，大屿山矿1888年开工，1890年停产
吉林珲春天宝山银矿	程光第	1890	或称资本3万两	部分采用机器，经营不善，1896年查封
山东海宁金矿*	李赞勋马建忠	1890	据称30万两，马建忠垫款15万两，实际投资有限	1890年机器开采，次年即停办
山东招远金矿*	李赞勋	1892	据称侨资历30万两，国内集资30万两，共60万两，实际投资有限	先土法开采，继有铁杆舂碎机，经营不善，1896年封闭
热河建平金矿	徐 润	1892	资本不详，截至1896年仅获利8 493两，1897年计划盈1.95万两	大约是收购众多土窑矿砂，加碾后用炉提炼，有抽水机
吉林三姓金矿	宋春鳌	1894	招股10万两。见有成效，1900年八国联军入侵，停办	未详

资料来源：孙毓棠. 中国近代工业史资料［M］. 北京：科学出版社，1957：1083-1162。张国辉. 洋务运动与中国近代企业［M］. 北京：中国社会科学出版社，1979：185-187，218-221，295-299。《荆门煤矿史》手稿。《国民政府清查整理招商局委员会报告书》第32页。

注：1882年办的湖北施宜铜矿，1883年办的湖北长乐铜矿/山东登州铅矿，1889年办的广西贵县天平寨银矿，因未见开工投产资料，未包括在内。

附表5 本国工矿交运企业设立总表（1928—1937年）

资本额单位：千元

行业		1928	1929	1930	1931	1932	1933	1934	1935	1936	1937	总计
棉纺织	新设	5	12	3	8	9	5	8	4	3	5	62
	资本额	3 888	12 996	2 050	6 171	6 567	4 982	7 030	3 752	3 586	6 378	57 400
染织	新设	4	6	1	11	8	11	9	9	8		67
	资本额	1 042	765	160	910	858	913	760	842	510		6 760
丝织	新设		1	1	4	1	2	1		3		13
	资本额		10	15	107	80	56	13		231		512

行业		1928	1929	1930	1931	1932	1933	1934	1935	1936	1937	总计
缫丝	新设	5	2	8	1	5	2			1		24
	资本额	125	50	200	100	125	175		500			1 275
呢绒	新设	1	4	7	6	10	8	12	10	1	2	61
	资本额	20	80	164	659	1 034	509	515	2 593	125	140	5 839
其它纺织	新设				3		8	7	2	1		21
	资本额				63		305	496	170	25		1 059
面粉、碾米	新设	13	17	17	12	5	7	7	5	10	1	94
	资本额	2 040	2 992	2 832	2 600	2 150	670	1 050	530	2 550	800	18 214
火柴	新设	14	5	12	7	13	12	4	6	5		78
	资本额	1 065	110	3 949	296	416	842	240	153	153		7 224
卷烟	新设	5	4	1	12	3	7	9	3			44
	资本额	255	570	200	1 735	330	395	320	776			4 581
水泥	新设			2	1	1		4				8
	资本额			2 773	1 935	200		4 500				9 480
砖瓦、制瓷	新设		8		5	4	4	3	2	2		28
	资本额		912		420	420	560	460	440	164		3 376
玻璃	新设	4	8	3	5	3	5	2	1			31
	资本额	139	184	124	144	124	184	45	50			994
出版印刷	新设	6	5	5	13	10	18	19	8	3		87
	资本额	137	97	97	517	857	719	1 050	1 597	90		5 161
酸碱化学原料	新设		4		1	4	1	8	6	5		29
	资本额		1 500		40	860	200	2 313	7 460	745		13 118
肥皂化妆品及其他化学工业	新设	1	1		4	2	9	8	4	1		30
	资本额	12	50		139	90	305	250	240	100		1 186
涂料染料油墨业	新设	2	2	2	4	2	5	5	5	1		28
	资本额	50	54	578	191	47	746	215	216	100		2 197
橡胶业	新设	8	6	15	21	3	4	3	5	1		66
	资本额	570	311	547	1 080	112	229	77	364	100		3 390

近代中国投资者保护机制研究

行业		1928	1929	1930	1931	1932	1933	1934	1935	1936	1937	总计
制盐	新设	4				4	3	8	2	1		22
	资本额	500				700	834	2 867	250	400		5 551
农场盐垦乳业	新设			1	1		4	5	9	6		26
	资本额			50	100		297	502	1 135	2 947		5 031
制糖	新设				1		5	3	3	2		14
	资本额				80		7 813	6 505	3 478	6 300		24 179
食品	新设	3	5	3	5	11	15	14	7	12		75
	资本额	100	100	98	206	2 507	1 988	1 499	375	3 229		10 102
制材	新设	1			1	2	2	4	3	5		18
	资本额	100			100	140	155	83	72	90		740
机器	新设	4	5	3	4	7	6	7	5	10		51
	资本额	140	585	85	213	865	435	868	267	13 228		16 686
水电	新设	16	16	8	13	18	24	23	29	24		171
	资本额	1 901	5 270	1 168	4 937	6 328	12 772	2 773	3 109	3 190		41 448
电器电料电化业	新设			1	1	1	8	4	2	9		26
	资本额			150	20	30	607	162	135	28 509		29 613
电话通信市内交通	新设				4	2	4	7	4	2		23
	资本额				212	27	433	219	152	4 867		5 910
制药	新设	2	1	1	1	3	8	6	5	5		32
	资本额	20	10	120	10	30	586	354	60	210		1 400
杂项工业	新设	2	2	1	4	4	9	14	9	9		54
	资本额	300	314	10	55	141	800	950	671	415		3 656
采矿冶炼	新设	17	13	14	17	14	16	13	17	16	20	157
	资本额	2 858	3 845	4 376	5 032	4 451	4 034	2 854	8 200	4 888	13 746	54 284
交通运输（官办铁路除外）	新设	4	2	1	12	8	14	11	12	10	1	75
	资本额	1 006	10 050	90	4 894	873	5 866	2 532	1 396	1 366	176	28 249
合计	新设	122	135	111	186	158	227	228	182	156	30	1 535
	资本额	16 488	42 718	20 236	33 996	30 462	48 610	38 317	46 983	78 618	21 340	4-E+05

资料来源：杜恂诚. 1928—1937年中国新设的企业和政府投资［J］. 中国社会科学，2015（3）表1。

注：纳入统计的企业，资本总额在1万元以上。

附表6 非公司商业注册统计

年份	商业注册家数	核准工厂登记统计	金融分支机构	非金融分支机构	纺织面粉分支
1931	494		17	27	2
1932	2 566	134	22	62	32
1933	209	271	4	1	0
1934	3 998	91	0	0	0
1935	1 509	195	28	28	20
1936	1 525	2 077	74	137	76
合计	10 301	2 768	145	255	130

资料来源：杜恂诚. 1928—1937年中国新设的企业和政府投资 [J]. 中国社会科学，2015（3）表5、表6、表7。